MEMORIAS

LAMAR ODOM

con Chris Palmer

Traducción de
Héctor Castells Albareda

CONTRA

From Darkness to Light
© 2019, Nunnbetter Productions. Publicado según acuerdo con BenBella Books, Inc., Folio Literary Management, LLC, e International Editors' Co.

Dirección editorial: Didac Aparicio y Eduard Sancho

Diseño y maquetación: Endoradisseny

Primera edición: Septiembre de 2019
© 2019, Contraediciones, S.L.
c/ Elisenda de Pinós, 22
08034 Barcelona
contra@contraediciones.com
www.editorialcontra.com

© 2019, Héctor Castells Albareda, de la traducción
© Scott Hebert, del retrato de Lamar Odom de la cubierta

ISBN: 978-84-120287-9-9
Depósito Legal: B 19.018-2019
Impreso en España por Liberdúplex

Para Cathy, Mildred, Liza, Destiny y Lamar Jr.
—L. O.

A mis padres, Ransford y Sally
—C. P.

I

Aquí nací yo
Y aquí murió ella.
Si cierro los ojos, lo sigo viendo todo.
Afuera hace frío. No hay hojas en los árboles.
El hormigón está resquebrajado, hecho pedazos.
Cathy tiene que coger el autobús.
No sabe dónde está Joe.
El dormitorio está vacío.
Yo estoy solo.
Soy Lamar Joseph Odom.
Y estoy vivo.

ERA OTOÑO, Y TENÍA VEINTITRÉS AÑOS. Ella siempre había querido tener un hijo. Un niño que, de mayor, sería alto y guapo. Cuando se quedó embarazada vivía con su madre en un altillo y trabajaba para el Departamento de Transporte de la ciudad de Nueva York, en Queens.

Joseph Odom era un carismático veterano de la Guerra del Vietnam que trabajaba como conserje en las viviendas de protección oficial de Woodside, en Queens. Mi madre estaba allí visitando a una amiga cuando Joe reparó en ella por primera vez. La conquistó gracias a su buena planta y a su encanto natural. A ella le gustó su sonrisa; a él, sus hermosos ojazos. Él tenía veintitrés años. Ella tenía veintiuno y empezaba a abrirse camino en el mundo.

Poco después de su primer encuentro, la alta, grácil y hermosa Cathy Mercer caminaba por Woodside cuando Joe la vio de nuevo. Él estaba cortando el césped y tenía las botas manchadas de verde. Apagó el cortacéspedes y salió a su encuentro en la acera.

—¿Qué tal, Flaca? —le dijo.

Así es como la llamaría en adelante. Un apelativo cariñoso para romper el hielo y desmarcarse del resto de pretendientes.

—Pues nada, aquí, intentando volver a casa —respondió Cathy—. Pero estoy sin ficha.

Necesitaba coger el tren de las siete. A Joe solo le quedaba una ficha para el metro en el bolsillo. La necesitaba para regresar a casa.

—Toma la mía —le dijo.

Se palpó los bolsillos y depositó la ficha en la palma de la mano de ella. Cathy sonrió y le dio su número de teléfono.

—¿Me llamarás, verdad? —preguntó.

—Ya me he memorizado el número.

Mi padre caminó las setenta y dos manzanas que le separaban de casa. Se tiró el camino entero repitiéndose el número. Aquella ficha, tan pequeña como inequívocamente neoyorquina, es el principio de mi historia.

Joe creció en Williamsburg, en Brooklyn, mucho antes de la invasión hipster.

«Andábamos por el barrio —me contó mi padre años después—. Teníamos que buscarnos la vida. No era lo bonito que es hoy. Había drogas y tentaciones. Éramos jóvenes e inocentes. Y vivíamos al límite.»

Mi padre probó la marihuana por primera vez a los catorce años. A partir de ahí, se metería en las drogas duras. Trapicheaba por el barrio. Pasaba a proxenetas, mafiosos y pandilleros, y obtenía sus dosis de un camello del lugar, que le prometía más si conseguía vender en la calle.

A menudo acababa en un edificio abandonado colocándose. Sus padres se sulfuraron cuando dejó el instituto en segundo de bachillerato. Cuando Joe se lo contó finalmente a su padre, este le ordenó que se metiera en el coche familiar, un Cadillac Eldorado de 1968. Se pasaron dos horas conduciendo, hablando de repercusiones y de sueños, y del rumbo que estaba tomando la vida de Joe.

De vuelta a casa, mi abuelo apagó el motor. Se quedaron sentados en silencio durante diez minutos. Mi abuelo miró a Joe y se reconoció en el benjamín de sus cinco hijos. Mi padre, tan listo, alto y fuerte como era, rompió a llorar.

—Soy drogadicto —confesó.

—Lo sé, hijo —respondió mi abuelo.

Al día siguiente mi padre se alistó en el ejército. Había una oficina de reclutamiento cerca del domicilio familiar. Dos semanas después fue enviado a Fort Dix, Nueva Jersey, para empezar su instrucción militar. Poco después fue destacado en Saigón. Alcanzó el rango de soldado raso especialista y se entrenó con fusiles M16.

Las experiencias en el extranjero lo traumatizaron.

Regresó a Brooklyn derrumbado. Hasta entonces solo había fumado marihuana, pero en Vietnam descubriría la heroína. Muchos soldados la consumían para lidiar con el estrés de cobrarse vidas humanas. Era su manera de sobrellevarlo. Les ordenaban que abatieran a desconocidos: apretaban el gatillo y veían cómo se desplomaban los cuerpos. Aquello destruyó psicológicamente a mi padre. La poca empatía que le quedaba se evaporó.

Joe regresó al piso de sus padres. Tenía veintidós años y estaba paranoico, deprimido, ansioso y desnortado. En las escasas ocasiones en que salía del piso lo hacía mirando atrás constantemente, y solo salía para colocarse. Al cabo de un año Joe se puso en contacto con un funcionario del Departamento de Asuntos de Veteranos, un hombre al que le faltaba un brazo y que conocía la adicción de primera mano. Él le ayudó a recuperar el control. Gracias a él, consiguió un empleo en las viviendas de Woodside.

Cathy y Joe no se conocían muy bien, y a muchos niveles, nunca lo harían. Joe, pese a todo, proclamó que juntos alumbrarían a un príncipe.

La de cosas que un hombre es capaz de decirle a una mujer.

Así pues, el amor floreció en el gueto. El hormigón dio paso a algo más tierno. Joe la amaba, y Cathy contaba a sus amigas la historia de aquel chico de Woodside. Deseaba un marido, un hijo y un hogar. Se habían embarcado juntos en un camino sin retorno. Sus vidas tomarían rumbos dispares, aunque quedarían eternamente vinculadas a mí... lo único que de verdad tenían en común.

Pesé tres kilos y medio al nacer. «Caramba, qué largo», exclamó Joe en el hospital St. John's, justo a las doce del mediodía del primer martes de noviembre. «Y es igualito a mí. Algo habremos hecho bien, Flaca.»

Iba a ser una criatura a la vez adorable y atormentada, querida y olvidada.

Mi abuela, Mildred Mercer, nació en el seno de una familia de aparceros y de antiguos esclavos de Athens, en el estado de Georgia, en 1934. Cuando tenía veintitantos, y después de reunir los veintinueve dólares para costearse el billete de autobús (relegada a ocupar la parte trasera del vehículo, desprovista de aire acondicionado), ella y su hermana se trasladaron de la Georgia rural a un duro barrio obrero del Bronx. Iban en busca de trabajo y con la intención de establecerse y formar sus propias familias.

Cuando Mildred tuvo a su primera hija, Cathy Celestine Mercer, se trasladaron a un modesto apartamento de dos habitaciones en la calle 131 con Linden Boulevard, en el barrio de South Ozone Park, en Queens, al norte del aeropuerto internacional John F. Kennedy. Mis abuelos apoquinaron los doscientos cincuenta dólares de la fianza. La pequeña morada era puro Queens, con su portal negro y su porche cubierto de toldos que daba a una hilera de arbustos podados. Sus vecinos eran conductores de autobús, funcionarios de peajes, barrenderos y empleados de la administración local. Habían encontrado su paraíso en el corazón del barrio más grande e italiano de Nueva York.

Yo crecí en la casa de la abuela Mildred, el permanente centro de actividades vecinales de la calle 131. Siempre que se daba una ocasión especial o sucedía una tragedia, mi familia y los vecinos más allegados se reunían en la casa. Graduaciones, cumpleaños, funerales o nuevos empleos: cualquier excusa era buena para reunirse alrededor de una barbacoa en el jardín trasero, ya fuera para celebrar o para compadecerse.

Mi abuela era la matriarca: dictaba las normas de la casa y los toques de queda, y se aseguraba de que los estómagos estuviesen siempre llenos de sus alitas de pavo, coliflores, pollo frito y empanadas. Yo viví y crecí en aquella casa, excepto durante el breve periodo inmediatamente posterior a la boda de Joe y Cathy.

Fue en 1985, cuando yo tenía seis años. Durante el poco tiempo que Joe y Cathy estuvieron casados, vivimos en un apartamento cerca de la playa de Far Rockaway, en Queens. Entonces formé parte de una familia al completo.

Pero la tranquilidad y los buenos alimentos no durarían. Tengo que hurgar en lo más profundo de mi memoria para rescatar momentos felices de mi infancia, y cuando por fin lo consigo, tengo que convencerme de que sucedieron realmente. Los únicos recuerdos que me sobrevienen con facilidad son de miedo, dolor y ansiedad. En cambio, el recuerdo del olor de la comida de Mildred empieza a desvanecerse, así como la sonrisa angelical de mi madre, que se desdibuja en mi memoria.

Solo queda un niño asustado y desvalido de diez años de edad.

2

EN MENOS DE UN AÑO, las discusiones de mis padres subieron de tono y de frecuencia, inaugurando un periodo de ansiedad, incertidumbre y turbulencia que marcaría mi vida indeleblemente. Fue entonces cuando empezó la violencia. A pesar de que era incapaz de entender el origen de las discusiones y por qué mis padres no podían llevarse bien, sabía lo que era que mi padre le pegara a mi madre. Sus alaridos y los lamentos ahogados que desencadenaban me hacían sentir impotente y que me escondiera de la cólera de mi padre.

Me daba pavor. Y lo que es peor: me marcaría. A día de hoy sigo recuperándome del trauma de haber sido incapaz de proteger a mi madre de aquel estrépito, de aquel dolor y de aquellas discusiones.

Hasta que un día, de pronto, mi madre gritó «¡Basta!».

Y de un día para el otro mi padre se largó, dejando en la estacada a su hijo de siete años. Menos de un año después de la boda, mi padre regresó a las calles, donde se convertiría en poco más que un rumor o un fantasma. Sé que hubo un tiempo en que quiso a mi madre. Muy profundamente. Fue hace muchísimo tiempo, cuando mi mirada todavía era joven. Pero mi padre se largó y mi corazón se llenó de odio. Y, sin embargo, deseaba que me amara más de lo que le odiaba yo a él. Él siempre dispuso del beneficio de la duda... Y su debilidad era más poderosa que la mayor de mis fuerzas.

El odio que sentía hacia él me quemaba, pero seguía buscando su aprobación de yonqui por encima de todas las cosas.

Mi madre y yo nos mudamos a casa de la abuela Mildred, en la calle 131. Mi madre, su hermana, la tía JaNean y yo procuramos rescatar a nuestra familia y resguardarnos de la crueldad de la vida cotidiana. Mi madre y yo compartíamos una habitación en la planta de arriba. Era la primera puerta a la izquierda, la que había sido el dormitorio de soltera de mamá antes de que yo naciera. Mi madre añadió una cama supletoria y despejó parte del armario. Cada noche nos quedábamos hablando hasta que uno de los dos caía dormido. Según parece, el primero en hacerlo era siempre yo.

Cathy no tardaría en conseguir trabajo como funcionaria de prisiones en Rikers Island, una de las cárceles con peor fama del país. Era la época en que no existía la menor garantía de que sus trabajadores regresarían a casa después de haber fichado. Como trabajaba en un lugar tan chungo, casi todo el mundo se pensaba que mi madre era una tía dura como una roca. Pero no era así. Y si bien es cierto que no permitía que nadie se le subiera a la chepa, también lo es que no se endureció. Aquel lugar no conseguiría arrebatarle ni su maternidad ni su feminidad. Su integridad era más resistente que las paredes de hormigón y la alambrada de cuchillas donde habitaban la desesperanza y el desaliento.

A ojos de un niño como yo, Cathy era tierna y angelical. Hermosa. Su voz, tan delicada como una canción en el aire. Ni siquiera sus 175 centímetros de altura me parecieron jamás imponentes. La veía más como alguien protector que prefería el amor a la disputa. Y todo su amor era para su pequeño Mookah. Así me llamaba.

Después de instalarnos en casa de la abuela Mildred, mi vida empezó a recobrar cierta apariencia de normalidad. El sonido de las cantantes favoritas de mi madre, Anita Baker y El DeBarge, inundaba la casa. Me acuerdo de cómo cantaba «Giving You the Best I Got» de Anita, mientras la abuela Mildred freía el pollo en la cocina los sábados por la noche.

Aquella fue la mejor época de mi infancia. Mi madre era feliz. Y yo me sentía a salvo. Era un niño normal.

En 1991 cumplí doce años y entré en los Lynvet Jets, un equipo de fútbol americano para chavales de entre once y catorce años. Si no trabajaba, mi madre asistía prácticamente a todos los partidos. En mitad de uno de aquellos encuentros de sábado por la tarde, mientras jugaba de quarterback (me bauticé a mí mismo como «Randall Cunningham de chaval»), me desplacé hacia la derecha y un chico mucho mayor me pegó un viaje bastante bestia.

Mientras me retorcía en el suelo, solo hubo algo peor que aquel dolor en la rodilla: la total vergüenza que sentí cuando mi madre se precipitó al terreno de juego para socorrer a su único hijo.

—¡Mamá! ¿Qué estás haciendo? —exclamé mientras mis compañeros se reían.

En Navidades los regalos bajo el árbol escaseaban. Los cumpleaños solían ser igual de parcos. A veces se trataba de una prenda deportiva o de un cartucho para la Nintendo, pero a mí no me importaba porque sabía que mi madre hacía lo que podía. Hubo una Navidad en particular en que hubiese preferido que no lo hubiera hecho. Se pasó un mes haciendo horas extras en Rikers para comprarme una nueva y molona bicicleta de montaña provista de neumáticos resistentes y rayas de carreras. El único problema es que tenía un manillar raro y anticuado en forma de U. Cuando pedaleaba en bajada tenía que girarlo aparatosamente para evitar que las rodillas se me subieran a los hombros. Resultaba imposible parecer un tío guay cuando ibas montado en ella, así que la candé detrás de casa y crucé los dedos para que mi madre no se enterara de que había dejado de montarla.

A los siete años, boté por primera vez un balón de baloncesto. Sucedió en la Escuela Pública 155, un colegio que quedaba a una manzana de mi casa: bastaba con doblar a la derecha al salir de mi portal para llegar. Los niños se reunían allí al salir de clase y los fines de semana, y no paraban de corretear sobre el asfalto imitando a dioses del baloncesto como Rod Strickland, Mark Jackson o Pearl Washington. Lo hacían arrojando la pelota contra el aro con las dos manos.

Cuando empecé secundaria, dirigí mi atención a Lincoln Park, donde físico y destreza se batían a diario. El parque tenía una despiadada pista de cemento provista de aros sin red, y quedaba a la sombra de la Van Wyck, la interestatal 678. Era el lugar donde se cortaba el bacalao en el barrio. Allí, o demostrabas lo que valías o te volvías para casa. A mí me ayudó pegar un estirón cuando estudiaba octavo: pasé a medir más de metro ochenta. Siempre jugaba con tíos mayores, más rápidos y más fuertes que yo. Cuando tenía trece años les decía que tenía quince para que me dejaran jugar. Entonces empezó a circular una coña recurrente: cada vez que confesaba mi edad, alguien me decía: «Joder, hace dos años que tienes quince años».

Mi juego mejoró rápidamente gracias a las brutalmente didácticas sesiones en Lincoln Park. Yo me jactaba de ser la reencarnación de Magic Johnson. Me flipaba ver cómo un base de más de dos metros ponía a la muchedumbre a sus pies repartiendo asistencias sin mirar, y lo mucho que disfrutaban sus compañeros de jugar con alguien capaz de pasarles la pelota desde prácticamente cualquier posición. Había descubierto desde bien pequeño que si bien mi cabeza deambulaba sin pena ni gloria cuando estaba en clase o tenía exámenes, sobre la cancha de baloncesto lo leía todo con facilidad.

Me convertí en alguien capaz de aportar soluciones. Allí donde el resto de chavales forzaban los tiros, yo me dedicaba a arrastrar a los defensores y a dar un pase de más. Aprendí lo valioso que resultaba contemplar la pista de cemento en su totalidad para hacer jugadas, en lugar de quedarme botando la pelota sobre el pavimento con la mirada clavada en el suelo. No era una máquina de anotar como Bernard King, pero era insólitamente alto para mi edad y tenía mis virtudes... hasta el punto de que los organizadores de los torneos locales empezaron a invitarme a jugar en Lincoln Park.

Durante aquella época veía a mi padre más o menos una vez al mes. A veces se acercaba para darme algo de dinero o unas zapatillas. Yo seguía sintiendo una profunda animadversión hacia él. El abismo que nos separaba estaba inundado de preguntas sin responder: *¿Por qué nos abandonaste? ¿Por qué pegabas a mamá? ¿Por qué te metiste en las drogas? ¿Por qué intentaste destruir nuestro hogar? ¿Por qué no me quisiste?* Yo no era más que un mocoso de mierda.

Me imaginaba que las respuestas serían tan duras para él como para mí. Pero el adulto era *él*. Era *él* quien se había largado y escondido, quien se había negado a lidiar con las cosas, dejando que me precipitara hasta el fondo de un pozo de confusión y rencor. Era como si nunca se hubiese planteado el significado de la palabra *responsabilidad*. Colocarse era más fácil. Creía que con solo aparecer y deslizar un billete de veinte dólares en mi mano estaría todo solucionado. En aquel momento no supe entenderlo, pero me estaba entregando la hoja de ruta a seguir: iba a convertirme en todas las cosas que odiaba de él.

3

De pequeño, lo único que sabía del cáncer es que podía ser mortal. Los adultos siempre lo explicaban diciendo que era la voluntad de Dios. Yo nunca me había enfrentado al cáncer cara a cara, e ignoraba que pudiese afectar a mis más allegados. Hasta que lo hizo. Cuando todavía era demasiado pequeño para entender nada, mi abuelo paterno murió de cáncer. Sucedió unos seis años antes del verano de 1991, cuando mi madre cayó enferma. Recuerdo que se fue apagando poco a poco. Cada vez se reía menos, tenía una tos que no se le iba y su energía empezó a mermar mes a mes.

Después de ingresar en el hospital por agotamiento, los médicos pronunciaron las palabras que todos temíamos: «Cathy, tienes cáncer de colon».

Yo ni siquiera sabía en qué parte del cuerpo estaba aquello. Me convencí de que mi madre mejoraría, por mucho que la realidad fuera otra. Hice todo lo posible por hacerla feliz, al tiempo que enterré mis propios miedos tan hondo como pude. Creía que si lograba hacerla reír, su dolor disminuiría; aunque nunca supe hasta qué punto sufría, puesto que me lo escondía.

En un momento dado dejó de ir a trabajar. Las exigencias físicas y el estrés de su trabajo en Rikers eran demasiado insoportables. Empezó a tener dificultades para ir al baño y subir escaleras. Su apetito disminuyó hasta casi desaparecer, y tenía problemas para digerir la poca comida que lograba ingerir. A la que la salud de mi madre empeoró visiblemente, mi padre empezó a aparecer por casa para echarnos una mano.

En abril de 1992, cuando la asistencia doméstica se hizo insostenible, fue admitida en la planta de oncología del hospital St. John's. Allí seguiría marchitándose. Fue como verla desaparecer delante de mi cara, como si alguien la estuviera borrando, literalmente, de mi vida.

Lo que más me dolía es que apenas era capaz de hablar. Aquella voz tan bonita que tenía también le fue arrebatada, y en su lugar apenas quedó un susurro. No sonaba como Cathy; era como hablarle a una desconocida.

En los últimos días de su vida, la fui a ver prácticamente a diario, y trató de hablarme todo lo que pudo. Me di cuenta de que hacerlo era importante para ella. A veces se limitaba a repetir mi apodo infantil una y otra vez: «Mookah... Mookah... Mookah». Sacó fuerzas de flaqueza de su cuerpo exhausto.

Un día, cerca del final, estaba sentado junto a su cama, en el hospital, cuando me agarró de la mano. Me quedé de piedra: hacía tiempo que no lo hacía con tanta fuerza. Entonces entreabrió los ojos y dijo: «Pórtate bien con todo el mundo, Mookah».

Mi tía y yo nos incorporamos y salimos de la habitación para dejarla descansar.

No volvería a escuchar la voz de mi madre.

«Es posible que se haya ido antes de que lleguemos a casa», dijo la tía JaNean después de hablar con los médicos.

Condujimos hasta casa en silencio. Vi el mundo deslizarse más allá del parabrisas. Me pareció silencioso y frío. Me sentí muy pequeño y muy solo. Estaba muerto de miedo. ¿Qué sería de mí? ¿Dónde terminaría? Cuando llegamos a casa, mientras subíamos las escaleras, sonó el teléfono. La abuela Mildred se precipitó sobre el aparato. Se quedó sentada en la cocina, hablando en voz baja. Colgó. Yo me quedé de pie junto a la puerta mirándola inexpresivamente.

—Se ha ido —dijo la abuela suavemente. Y se puso a rezar.

Yo me fui escaleras arriba, ajeno a todo, y me senté en la cama. Agarré mi pelota de baloncesto y salí de casa sin que nadie se enterara. Esprinté calle arriba, por la 131, botando sin parar, la pelota convertida en una extensión de mis manos. Llegué a la pista y me puse a lanzar. Cada tiro era más desesperado que el anterior, como si cada vez que soltaba la pelota pudiera, de algún modo, contener la oleada de dolor y de tristeza que se avecinaba.

Lancé un tiro detrás de otro. La pelota salía proyectada de mi mano y flotaba, suspendida, como si el tiempo no importara, antes de descender hacia el aro. Era la misma mano que mi madre había sujetado por última vez apenas unas horas antes. Otro tiro. Y luego otro. Llevaba allí una hora cuando empezó a correr la voz por el barrio de que Miss Cathy había fallecido.

Entonces sucedió algo extraño. Poco a poco, la pista empezó a llenarse de gente. Al principio se limitaban a mirar. Había compañeros de clase, profesores y jugadores veteranos que nunca me habían dirigido la palabra. Uno a uno, se me sumaron, la mayoría sin pronunciar más que un solo vocablo. Hubo abrazos y gestos de cariño, pero apenas palabras. Sentí todo aquello que nunca me habían dicho.

Te protegemos. Estamos contigo, Mookah.

El funeral de mi madre fue como un espejismo. Me quedé mirando fijamente al suelo durante toda la ceremonia. Intenté silenciar los sollozos ahogados que manaban a borbotones del primer banco hasta la última fila de la iglesia. Yo ya había asistido a funerales donde la gente gimoteaba y se desplomaba por haber perdido a un ser querido demasiado temprano, ya fuera víctima de la violencia callejera o de la despiadada naturaleza de una bala perdida. Pero en el funeral de mi madre nadie lloró. Nadie le imploró a Dios el porqué. Excepto yo, por mucho que no osara decirlo en voz alta.

Para mí, la muerte era una jaula, pero para mi madre fue una liberación. Se trataba, simplemente, de la voluntad de Dios. No hacía falta que me lo dijera ningún adulto.

Te protegemos. Estamos contigo, Mookah.

El barrio me protegía. Queens me protegía. Por primera vez en mi vida, el baloncesto me había salvado. Sentí cómo me elevaba por encima del suelo.

Aunque solo fuera por un instante.

4

Mi madre ya no estaba. El problema era que yo tampoco. Me sentía como si hubiese desaparecido de mi propia vida. No me la podía quitar de la cabeza. Cada vez que sonaba el teléfono o se abría la puerta, pensaba que era ella. No podía dormir. Me olvidé del sabor de mis comidas favoritas. Por no recordar, ni siquiera recordaba el sonido de mi voz. Había pasado un montón de tiempo desde la última vez que había escuchado mi propia risa. Me sentía como si todas mis emociones estuvieran embozadas, congeladas en un momento del que quería huir a toda costa. Pero era incapaz de moverme. El mundo empezó a dejarme de lado.

Si conseguí superarlo fue por un solo motivo: el maldito baloncesto. Estuve yendo a Lincoln Park casi cada día durante dos años. Invertí hasta la última gota de energía que me quedaba en el baloncesto, ya fuera jugando partidillos, torneos o unos contra uno. Mi manejo de balón se volvió instintivo; a fin de cuentas, raramente había un momento en que no tuviera una pelota gastada entre las manos. Ataqué los tableros desenfrenadamente, aprovechándome de mi altura y capacidad de salto para taponar los tiros de los rivales con fuerza contra la valla de la pista. Estaba decidido a batir a todos mis adversarios en el uno contra uno como si mi vida dependiera de ello. Y es posible que así fuera.

Mi visión de la pista, que se convertiría en la clave de mi juego, comenzó a pulirse. Veía ángulos de pase que ni siquiera veían la mayoría de adultos. Y se me daba bien asistir a los compañeros. Pases a un toque, de campo a campo, sin mirar... Además de toda suerte de manejos por detrás de la espalda. Estaba mejorando mucho, pero a mí me encantaba jugar con el estilo de los jugadores que habían crecido en aquellas calles de Nueva York antes que yo. Hacerlo me parecía, sencillamente, lo más natural.

Y, por si fuera poco, al cumplir los catorce años ya rozaba el metro noventa y era casi tan alto como mi padre. Estaba listo para dar el salto al siguiente nivel: el baloncesto de instituto de la ciudad de Nueva York. Me dije a mí mismo que sería allí donde me haría un nombre.

En otoño de 1993, me inscribí en el instituto provincial Christ the King (CTK), de Queens, que quedaba a unos quince kilómetros de mi casa. Tenía trece años y ya estaba preparado para hacer nuevos amigos y dejar atrás mi sufrimiento. A pesar de que era un estudiante del montón y de que las estructuras y los deberes me la traían floja, el instituto me parecía una aventura tan estimulante como cualquier otra.

CTK contaba con un cuerpo de estudiantes multicultural y con un gran prestigio académico. Yo era miembro de su trigésimo primera promoción, y a mi abuela le hacía feliz saberme rodeado de estudiantes con inquietudes académicas. El equipo de baloncesto del instituto era uno de los más prestigiosos de su liga, que era nada más y nada menos que la mejor liga de baloncesto de instituto del país: la Asociación Católica de Institutos Deportivos de Nueva York (CHSAA[1]).

Los alumnos estaban repartidos en las distintas aulas por orden alfabético, en función de sus apellidos. Aquel sería mi primer golpe de suerte. Yo todavía no lo sabía, pero aquella política marcaría el resto de mi vida.

---

1. Conjunto de escuelas católicas, principalmente de Nueva York, Long Island y Westchester, que participan en los campeonatos de baloncesto en que compiten anualmente todos los institutos del estado de Nueva York, en categoría masculina. [N. del T.]

La jornada escolar empezaba a las ocho y cuarto de la mañana con una tutoría de veinte minutos, lo cual era una excusa perfecta para que mis amigos y yo hiciéramos payasadas. No había prohibiciones de ningún tipo: ni por repetir atuendo durante dos días consecutivos ni por cuestiones de higiene personal ni por mal comportamiento... Bueno, así era cuando no llegaba tarde a clase. Y casi siempre llegaba tarde.

Sucedió, sin embargo, que durante la primera tutoría me senté en mitad del aula, algunas filas por detrás de una bonita puertorriqueña que se llamaba Liza Morales. La busqué con la mirada y ella miró hacia otro lado. Le dediqué una sonrisita, y me la devolvió con un mohín avergonzado. Entonces supe que tenía que hablar con ella. Tal vez fuera a disfrutar del instituto después de todo. El profesor nos estaba dando la chapa con algún importante anuncio, pero para entonces yo ya tenía la cabeza en las nubes.

Una mañana, antes de la tutoría, estaba frente a mi taquilla cepillándome los dientes; llegaba tarde, como era habitual.

—¿Por qué te cepillas los dientes en el pasillo? —me preguntó Liza—. ¿No tienes casa?

—Uno tiene que estar fresco para las damas, ya sabes.

—Venga ya, por favor.

Empecé a cortejarla. Ella siempre ponía los ojos en blanco. Me lo tomé como una buena señal. Nunca me cortaba el rollo del todo y acompañaba sus ocurrencias con una adorable risilla. A mí no me gustaba ir a la escuela, pero Liza me dio un motivo para hacerlo.

—Hablas con todas las chicas —me decía—. ¿Por qué te pasas la vida hablando con esas cacatúas?

—No te preocupes por ellas. Tú y yo estamos hechos el uno para el otro —le respondía yo.

Pero lo cierto es que éramos completamente antagónicos. Ella siempre llegaba temprano, yo me comportaba como si no tuviera reloj; su taquilla no podía estar más ordenada, la mía parecía un campo de maniobras para tornados; sus notas y su asistencia a clase eran intachables, yo raramente hacía los deberes y hacía campana tan a menudo que mi existencia en el instituto era poco más que un rumor.

Además, a ella no le atraían los deportes, iba con un grupo diametralmente opuesto al mío y estaba convencida de que solo me interesaba una cosa. A ver, la cosa me interesaba, pero la verdad es que, más allá de nuestras diferencias, Liza me gustaba de verdad.

Así pues, empecé a asistir puntualmente a las tutorías. Me sentaba cada día en un pupitre más cercano al suyo y le arrojaba pedazos de papel estrujado para llamar su atención. Sin embargo, cuando lo conseguía y se daba media vuelta para mirarme, me quedaba en blanco. ¿Qué podía decir? Tenía catorce años y nunca había hablado con nadie de la manera en que quería hablarle a Liza.

Liza era de Woodhaven y se movía en autobús: primero pillaba el Q11 hasta Woodhaven Boulevard, se bajaba y se subía al Q54, que la llevaba al instituto. Yo solía subirme al Q54 algunas paradas antes que ella. Me sentaba al final e intentaba mirarla de extranjis, quizás sonsacarle una sonrisa y pensar en algo divertido que decirle para cuando hubiésemos llegado a la tutoría.

Me gustaban mucho las chicas y yo les gustaba a ellas, lo cual explicaba, probablemente, que Liza se mantuviera a una distancia prudencial. Teniendo en cuenta que era una niña buena, católica y demás, aquello quizás fuera un pelín demasiado para ella. Claro que a veces la agarraba suavemente de la mano, la miraba seductoramente y le soltaba:

—¿Cuándo quedaremos?

—Cuando dejes de perseguir a otras chicas —me respondía.

—Yo te espero a ti y solo a ti.

Ella sonreía.

El instituto había empezado a lo grande, pero yo me moría por que se celebraran las pruebas de baloncesto cuanto antes. A pesar de que mi madre ya no estaría allí para animarme, me prometí dedicarle todo lo que hiciera en la pista. Logré entrar en el equipo de los estudiantes de primero, y, después de jugar varios buenos partidos, el entrenador, Bob Oliva, me ascendió al primer equipo. A pesar de que me sentía preparado para competir, no dispuse de muchas oportunidades, puesto que el equipo estaba ya muy hecho.

Erick Barkley era un estudiante flacucho de primer año al que conocía del barrio: venía de las conflictivas viviendas de protección oficial de Farragut, en Fort Greene, Brooklyn. Era rápido como un rayo y se comportaba con una madurez en la pista que no pasaría desapercibida entre los entrenadores universitarios. En una ocasión anotó cuarenta y ocho puntos ante Stephon Marbury, la futura estrella de la NBA, que terminaría alzándose con el galardón de Mr. New York Basketball, durante mi primer año. Claro que Steph replicó anotando otros cuarenta y cuatro puntos. Ah, se me olvidaba mencionar que aquel épico duelo sucedió cuando Erick tenía nueve años y Steph, once. A mí siempre me había fascinado que Erick fuera el benjamín de nueve hermanos, probablemente porque soy hijo único. Diría que aquel fue el principal motivo por el que me acerqué a él.

A Erick, que era dificilísimo de defender, lo quería la universidad St. John's. Solíamos jugar unos contra uno antes y después de los entrenamientos, y nos dejábamos la piel. Enfrentarme a Erick me ayudó a fortalecer la capacidad para botar bajo presión y a tirar frente a defensores fuertes. Aprendí más en esos duelos que en todos los partidos que jugué. Con solo catorce años, fue un curso intensivo en cómo convertirse en un sólido alero neoyorquino.

Luego también estaba Speedy Claxton, un base rapidísimo procedente de Hempstead que iba a segundo y que era incluso más veloz que Erick. Al igual que Erick, Speedy procedía de una familia de siete hijos, entre hermanos y hermanas. El equipo estaba tan unido que Erick se fue a vivir con la familia de Speedy durante su último año.

Formábamos una gran familia. Aquel equipo de Christ the King de mi primer año contaba con tres futuros jugadores de la NBA: Speedy, Erick y yo, aunque por aquel entonces todavía éramos unos niños. Speedy y Erick eran más completos que yo; no sería hasta la temporada siguiente cuando el curso de mi vida y mi carrera cambiarían drásticamente.

5

En 1994, durante el verano entre mi primer y mi segundo año de instituto, tuve la inmensa fortuna de crecer casi dieciocho centímetros. Pero no solo alcancé los dos metros cinco, sino que mi coordinación y mi agilidad se adaptaron a mi altura sin problema. Jugar en Christ the King me dio mucha visibilidad, aunque lo cierto es que seguía siendo un desconocido. Sin embargo, durante aquel verano mi juego empezó a crecer de manera exponencial, en gran medida gracias a que jugué en los Riverside Hawks, una formación de la Amateur Athletic Union (AAU) que había reunido a lo largo de su historia a algunos de los mejores equipos amateur de todos los tiempos, y muchos de sus discípulos habían terminado triunfando en la NBA.

Empecé a jugar con Riverside aquel verano, donde coincidiría por primera vez con una bestia de dos metros procedente de Queensbridge, un alero súper versátil que respondía al nombre de Ron Artest. Nunca había visto a nadie con semejante energía y abnegación sobre el parqué. Podía dirigir el ataque, tirar y desplegar el juego más elegante, al tiempo que te atosigaba como una auténtica apisonadora. Su temperamento fluctuaba de manera salvaje, aunque todos estábamos convencidos de que tal era su naturaleza.

En Riverside jugaba también uno los mejores pívots del país, Elton Brand, un contemplativo mastodonte de voz suave que dominaba el juego en la pintura. ¡Ah! Y también contábamos con Erick Barkley para conducir las transiciones ofensivas. Jugamos en todos los torneos de primer nivel de Nueva York y aplastamos a todos los rivales. Cuando la pelota no estaba en manos de Erick, estaba en las mías. La conducía pista arriba, dirigía el ataque y deslumbraba al personal con mi repertorio de asistencias.

Fue entonces cuando mi nombre empezó a sonar a nivel local y empezaron las comparaciones con Magic Johnson. Universidades locales como Hofstra, Manhattan y Fordham comenzaron a enviarme cartas de reclutamiento, y otros entrenadores de la AAU advirtieron mi emergente talento y también se interesaron por mí.

Mi segundo año de bachillerato en Christ the King arrancó por todo lo alto, sobre todo a nivel defensivo. Empecé a meter tapones a diestro y siniestro. En un partido de principios de temporada, en diciembre, puse siete: uno por cada pulgada que había crecido aquel verano.

Para cuando llegó enero, había florecido completamente sobre la cancha, y promediaba 15 puntos, 11 rebotes, 6 asistencias y 4 tapones por partido. Iba camino de romper el récord de tapones de Christ the King en una sola temporada: sumaba ya 95, y con un balance de 11-1 el equipo iba subiendo en los rankings de la CHSAA.

Durante aquel mes de enero nos enfrentamos al instituto Bishop Ford en su pabellón de Brooklyn. Fue un partido que se me ha quedado grabado, ya que fue una de las primeras veces en que me sentí imparable de verdad. Penetré en la zona rival con facilidad, me deshice de los dos contra uno gracias a mi manejo de balón y mis pases, y era como si volara en los contraataques. Las gradas estaban llenas a rebosar, y me sentí como una estrella. Aquella noche conseguí mi primer triple doble, algo que se convertiría en una de las especialidades de mi carrera, con 17 puntos, 14 rebotes y 10 asistencias. Bishop Ford contaba en sus filas con Trevor Diggs, uno de los mejores jugadores de la ciudad, que acabaría recalando en la universidad de Nevada-Las Vegas (UNLV). Nos clavó 40, pero al terminar el partido todas las miradas estaban puestas en mí.

Después del partido, el entrenador rival se me acercó, me dio un apretón de manos y no pronunció una sola palabra: ¡lo dejé achanta-do! Yo lo ignoraba, pero aquella noche había dos personas en las gradas que iban a marcar tanto el curso de mi vida como el de mi carrera durante los próximos años. Gary Charles era uno de los entrenadores más importantes de la AAU del país. Su equipo, los Long Island Panthers, era uno de los mejores conjuntos de la AAU de la Costa Este. Si jugabas en los Panthers, eras lo más.

Gary había venido a verme, y se trajo consigo a uno de sus jugadores, que también era su mano derecha de facto: un base junior de Queens de casi metro ochenta que se llamaba Greg Nunn. Le llamaban el General.

—Este tío es una bestia —le dijo Greg a Gary—. ¿Cómo nos lo montaremos para ficharlo?

—No te preocupes —respondió Gary—. Tengo un plan.

—Pero juega con Riverside. Y allí no dejan escapar a los jugadores así como así.

—Su abuela quiere que juegue para un entrenador negro.

Gary siempre disponía de información privilegiada como esa. Tener un buen radar a pie de calle es lo que determina el éxito de un entrenador de la AAU. A Gary no se le escapaba un solo detalle, ni un solo ángulo. Los quintetos de Riverside eran la bomba cada año, poca broma con el equipo para el que jugaba. Nuestro entrenador, Ernie Lorch, era viejo y blanco. Gary era joven y negro. Así es como Gary jugaba sus cartas.

Una vez empezaron a dispersarse las hordas de aficionados, observé que Gary y Greg habían bajado al parqué. Gary fue directo y al grano: quería que el verano siguiente jugara con los Panthers. Me presentó a Greg. Intercambiamos un rápido saludo y asentimos en señal de respeto. Nada de abrazos ni adulaciones... fue un saludo al más puro estilo neoyorquino. Le di a Gary el número de mi abuela para que le trasladara su oferta, y mantuve el contacto con ellos durante el año académico.

Paralelamente, Christ the King iba a resolver algunos asuntos pendientes. Para cuando llegaron los playoffs, sumábamos una rutilante marca de 22-3 y quedamos clasificados entre los mejores cinco equipos de Nueva York. El 14 de marzo de 1995 enfilamos rumbo a la universidad St. John's para disputar las semifinales de la CHSAA. Anoté 19 puntos en un disputadísimo duelo contra el instituto Rice de Harlem. Ganamos 70-61.

Cuatro días después nos batimos por el título contra el poderoso instituto St. Raymond del Bronx en la universidad de Fordham. Salimos demasiado acelerados. Estábamos extremadamente agresivos y cometimos faltas innecesarias. Perdimos demasiados balones y no nos salía nada. Al terminar el primer cuarto perdíamos de dieciséis (22-6).

Entonces nos calmamos y yo tomé el mando. Generé una jugada detrás de otra, asistiendo a compañeros para que lanzaran triples desde las esquinas, o penetrando hacia la izquierda para terminar machacando con la zurda. Puse tapones que salieron despedidos hasta la grada. Cada vez que pillaba la pelota, los espectadores se incorporaban sobre sus butacas. Los alaridos del público me dieron alas. Al final, entraría en la historia del baloncesto de la ciudad de Nueva York al romper el récord anotador en partido oficial de la CHSAA, batiendo el registro que estaba en poder del escolta de los Power Memorial Lew Alcindor (sí, el mismo que cambiaría su nombre años después por el de Kareem Abdul-Jabbar). Fui elegido MVP del torneo, y terminé el partido con 36 puntos, 10 rebotes, 5 tapones y 4 asistencias.

Me había convertido en una estrella de la noche a la mañana. Salí en las portadas de los periódicos. Las chicas se me acercaban en manada, y los promotores del Big Willies, un club del barrio, hasta me invitaron a que asistiera a una fiesta, por mucho que todavía me faltaban cinco años para cumplir la edad legal para beber. El teléfono de la abuela Mildred no paraba de sonar. Entrenadores universitarios a los que llevaba viendo durante años por televisión venían a verme jugar partidos y torneos.

Me acordaba de las frías noches en Lincoln Park. Me imaginé cómo sería estrechar la mano de David Stern, el comisionado de la NBA, en la noche del draft. Me sentía en algún lugar entre la memoria y el sueño, pero iba de cabeza a consumar el mío.

6

PASADOS ALGUNOS MESES desde mi primer encuentro con Gary Charles, los Panthers se concentraron en Foster Laurie, un pabellón de la Police Athletic League[2] ubicado en Queens. A la que puse un pie dentro alguien gritó: «Maldita sea, Gary lo ha conseguido. ¡Tiene a Lamar!».

Jugar en los Panthers me daría a probar por primera vez el amargo sabor de la guerra de las zapatillas entre Nike y Adidas. En ese momento estaban librando una batalla sin cuartel por jugadores, equipos, territorio y, especialmente, por la dominación del mercado global. Tanto Christ the King como Riverside estaban esponsorizados por Nike, de manera que yo asistí a mi primer entrenamiento con los Panthers calzando mis Air Jordan 8 con toda naturalidad.

—Ni de coña juegas con esas —me dijo Gary.

Y me extendió una caja de zapatillas Adidas.

Una vez entré en calor, sentí que había tomado la decisión adecuada al apostar por los Panthers. Al llegar el verano anterior a mi penúltimo año de instituto, mi nombre apareció en la lista de los cinco

---

2. Se trata de una institución estadounidense afiliada a varios departamentos de policía del país. Sus miembros pertenecen a las fuerzas de seguridad y contribuyen a estimular las actividades deportivas entre niños y niñas de todo el país. [N. del T.]

mejores jugadores de la ciudad junto a otros tres futuros jugadores de la NBA: Elton Brand, Tim Thomas y Ron Artest. Gary creía que si lograba hacerse con los servicios de otro jugador de primer nivel —en cualquier posición— aspiraríamos a ganar todos los torneos en los que íbamos a competir, incluyendo la madre de los torneos de verano, el torneo Adidas Big Time de Las Vegas, donde competían sesenta y cuatro equipos.

Aquel jugador sería Khalid El-Amin, procedente de Minnesota. Rápido y fuerte, demostró sobradamente por qué ocupaba el número uno en el ranking de bases del país cada vez que saltó a la pista. Yo tenía la sensación de que Khalid y yo podríamos ganar un campeonato nacional solitos.

Al mismo tiempo, empecé a entenderme cada vez mejor con Greg Nunn, un base menos aclamado que El-Amin aunque endurecido por Queens, que siempre parecía encontrarme en mis posiciones favoritas y que captó mi juego y mis tendencias naturales enseguida. Greg no tiraba demasiado a canasta, pero nos complementábamos de maravilla.

Greg y yo también hicimos buenas migas fuera de la pista. Cuando nos desplazábamos para jugar como visitantes y pernoctábamos en hoteles, solíamos dormir en habitaciones para cuatro, pero Gary siempre se encargaba de que Greg y yo dispusiéramos de nuestra propia doble. Yo estaba encantado, ya que hacinado en una habitación minúscula con otros cuatro tíos de dos metros era complicado dormir y tener algo de privacidad.

A principios de aquel verano competimos en un torneo en Nueva Jersey. Al concluir uno de los partidos, de regreso a nuestra habitación, Greg me preguntó:

—¿Qué te pasa, tío? Siempre vas súper tranquilo y despreocupado. No te lo puedes tomar todo tan relajadamente. Dentro de la pista eres una máquina, pero fuera de ella parece que todo te la sude.

—Supongo que es mi manera de ser. Procuro no preocuparme demasiado.

En realidad, jamás me había planteado lo pasota que parecía. En aquel momento pensaba que no era más que una cuestión de lenguaje corporal. Nunca levantaba la voz ni era el centro de atención. Simplemente me gustaba quedarme en un segundo plano. Iba a mi ritmo. Pero aparte de llegar tarde a clase y a algunos entrenamientos, nadie había cuestionado realmente mi actitud despreocupada. No es que haya cambiado mucho desde entonces, pero a día de hoy soy más consciente de que detrás de aquel adolescente que se dejaba llevar había alguien que no estaba completamente presente.

En junio de 1995, viajamos a California para participar en el torneo Pump-n-Run en Long Beach State, donde aguanté el tipo frente al embate de jugadorazos de la Costa Oeste como Paul Pierce, Schea Cotton y los hermanos Jason y Jarron Collins. Una semana después, estábamos de vuelta en Nueva York ultimando la preparación para el torneo de Chester, en Pensilvania. Visto a toro pasado, aquel sería un acontecimiento ilustrativo de la cantidad de libertad no supervisada que tuvimos como adolescentes.

Por aquel entonces Gary tenía solo treinta y cinco años, una vida de la que hacerse cargo y un montón de obligaciones. En Pensilvania iban a estar todos los entrenadores de las conferencias Big East y Atlantic Coast: era una cita ineludible. Sin embargo, Gary tenía que asistir a la ceremonia de graduación de su novia y no pudo viajar con nosotros. Quedamos en que se nos sumaría poco después. De no presentarnos, quedaríamos todos fatal, tanto la institución como los jugadores.

Así las cosas, Gary dispuso que Greg, el miembro más responsable del equipo, nos llevara en coche hasta el torneo. Ah, se me olvidaba, para más inri, Greg tenía entonces dieciséis años y permiso de conducir de prácticas, y Gary le encomendó la tarea de llevarnos a mí y a otros once chavales de instituto hasta Pensilvania, en un trayecto que atravesaría varios estados. A tal fin, Gary alquiló una furgoneta para quince pasajeros, y allí nos hacinamos todos para completar los trescientos kilómetros que separaban Long Island, donde vivía Gary, de Chester. Durante el trayecto nos reímos, hicimos el capullo y un montón de ruido. No había cinturones de seguridad, y la furgoneta se fue abriendo camino a volantazos por la autopista. Bajo aquellas condiciones de niebla y escasa visibilidad, Greg tuvo que esgrimir una concentración marcial para evitar que nos estampáramos contra las vallas de contención.

Llegamos bien entrada la noche, hechos polvo y muertos de hambre. Y, cómo no, todos los restaurantes del centro estaban cerrados. La mitad de la delegación se olvidó el DNI y hubo algunos que ni siquiera se trajeron zapatillas para jugar. Huelga decir que nadie tenía un chavo.

Al día siguiente teníamos que presentarnos a los ocho y media en el pabellón para jugar nuestro primer partido a las nueve de la mañana. Es decir, que teníamos que estar en pie y preparados como mínimo una hora antes del salto inicial. A nadie se le ocurrió encargar que nos despertaran. Os imagináis lo que pasó, ¿no? Greg se despertó tarde y se puso a aporrear puertas frenéticamente para ponernos a todos en marcha. El problema es que ignoraba en qué habitaciones se alojaba la mitad del equipo. A las nueve de la mañana todavía estábamos en el hotel.

De milagro conseguimos embutirnos en la furgoneta y llegar al partido a mitad del segundo cuarto. El encuentro había empezado a tiempo sin nosotros, y los Madison Broncos, un equipo que se había ganado a pulso su temible reputación, estaban 17-0 arriba. La organización del torneo había puesto el reloj en hora y había concedido un punto a los Broncos por cada minuto transcurrido en nuestra ausencia. Cuando llegamos, los Broncos estaban en un lado de la cancha tirando a canasta. Hicimos nuestra entrada al polideportivo hechos unos zorros y los futuros entrenadores del Hall of Fame se nos quedaron mirando completamente atónitos. El entrenador de la universidad de Massachusetts, John Calipari, no pudo contener la risa.

En cualquier caso, salimos a la cancha con Greg haciendo las veces de entrenador y nos salió todo rodado. A los seis minutos del segundo cuarto, habíamos barrido a los Broncos de la pista. Yo diría que se quedaron tan apabullados que se olvidaron de cómo jugar. Llegamos al descanso empatados a 24.

Gary apareció entonces, y no supo si echarse a reír o a llorar. No podía enfadarse con nosotros, a fin de cuentas era el responsable de aquel despropósito de fin de semana. No pudo más que agradecer que siguiéramos vivos. Terminamos ganando por 19 puntos.

John Paul Vincent «Sonny» Vaccaro soñaba con ser un *running back* de la NFL. Su metro setenta pelado, sus hombros anchos, sus rizos afroitalianos y su estilo en plan apisonadora parecían perfectos para los rectángulos de juego de fútbol americano de la Pensilvania de los años cincuenta. Sucedió, sin embargo, que después de reventarse la rodilla se incorporó a las filas de los Youngstown State y empezó a organizar eventos de baloncesto amateur.

En 1965, Sonny Vaccaro creó el Dapper Dan Roundball Classic, un partido de exhibición anual que se celebraba cada primavera y reunía a veinticuatro de los mejores jugadores de instituto de Estados Unidos. Era una ocasión inmejorable para que los mejores entrenadores de todo el país pudiesen ojear a los talentos emergentes. Se trataba de una idea radical, pero funcionó tan bien que el partido se disputaría ininterrumpidamente durante cuarenta y tres años y cambiaría el curso del baloncesto moderno. Básicamente, Sonny Vaccaro se sacó de la chistera el *all-star* de los jugadores de instituto. Su ingenio callejero, su irresistible don de palabra y su insólita capacidad para ganarse la confianza de todo el mundo y para ver lo que nadie más veía permitieron que sentara las bases del baloncesto amateur moderno y de todo (lo bueno, lo malo y lo feo) que saldría de él.

Suya fue la idea de que los jugadores de baloncesto firmaran contratos para publicitar marcas de zapatillas. En 1984, Sonny fichó a un joven de veintiún años llamado Michael Jordan para que fuera la imagen de Nike, cambiando para siempre las reglas del marketing deportivo. Aquel mismo año, Sonny fundaría el campamento de verano Academic Betterment and Career Development (ABCD), un escaparate veraniego de una semana donde exhibir a los mejores jugadores del país. Después de que Nike le despidiera en 1991, Sonny se llevó su campamento a la competencia, Adidas, y se propuso arrebatar a la firma de Oregón el trono del baloncesto preuniversitario. No en vano, Sonny Vaccaro sería conocido como el padrino del baloncesto de instituto, y su repercusión en el mismo será siempre imperecedera.

Sonny era, además, el mayor traficante de influencias del mundo del baloncesto, básicamente porque se había inventado el trabajo él mismo. Que Sonny te respaldara era como gozar del favor de un emperador en Roma: una bendición. No es solo que fuera *el hombre*... podía convertirte *a ti* en él. Una llamada de Sonny. Eso era todo lo que hacía falta para transformar a cualquier equipo de instituto y/o universitario.

Si había un hombre al que conocer, ese era Sonny. Y si había un hombre que lo conocía, ese era Gary, nuestro entrenador. Sonny se convertiría en patrocinador de los Panthers gracias al talento de Gary para fichar a los mejores jugadores del país. Cada año, Sonny invertía quince mil dólares en zapatillas, uniformes y en organizar los desplazamientos de los Panthers por todo el país. A cambio, Gary dirigía a sus jugadores hacia eventos patrocinados por Adidas. El objetivo último consistía en ganarse la confianza de los mejores jugadores de instituto para que, si daban el salto al siguiente nivel, lo hicieran vestidos de Adidas.

El día en que acepté jugar en los Panthers, Sonny por poco se desmaya de la alegría. A lo largo de los tres siguientes años, serían muy pocos los jugadores que pasarían más tiempo que yo con Sonny y con Pam, su querida esposa de treinta y siete años.

Que te invitaran a participar en el campamento ABCD significaba que eras la crema de la crema. Y así es como, en julio de 1995, terminé en el minúsculo gimnasio de ladrillo enclavado en el campus de Fairleigh Dickinson, en Nueva Jersey, para participar en la exhibición anual de Sonny.

La cosecha de aquel verano produjo uno de los grupos de jugadores más talentosos de la historia reciente. Ahí estaban Kobe Bryant, considerado unánimemente el mejor jugador de instituto del país; Vince Carter, prometedor alero de Daytona; Jermaine O'Neal, un pívot de dos metros diez llegado de un pequeño pueblo de Carolina del Sur, considerado el mejor pívot del país. Y para acabarlo de rematar estaba también Tim Thomas, un prodigio de versatilidad de dos metros cinco que jugaba de alero y ya era sénior, procedente del instituto Paterson Catholic, en Nueva Jersey. Thomas había completado su última temporada júnior con un promedio de 25 puntos y 14 rebotes por partido. De entre todos los jugadores concentrados en el campamento, él era quien tenía un juego más parecido al mío. Ni que decir tiene que yo estaba convencido de ser mejor que él, a pesar de que me sacaba un año.

Aquel año la competencia era increíblemente feroz. Todos estábamos allí para demostrar que éramos los mejores. Los rankings buscaban dueño, y todos queríamos terminar con el «Número 1» estampado junto a nuestro nombre. Kobe se movía por allí como Pedro por su casa. Se rasuró la cabeza al cero en homenaje a Michael Jordan y deambulaba con esa elegancia tan suya y con una sonrisa de seguridad permanentemente estampada en el rostro. Kobe y yo procedíamos de lugares diametralmente opuestos y casi no teníamos nada en común, pero me cayó bien desde el minuto uno.

Durante el primer día, las cosas no tardaron en ponerse interesantes. Thomas y O'Neal quedaron emparejados en el último partido del día. El gimnasio reverberaba bajo un ambiente atronador. Hasta los mismos participantes nos reunimos a pie de cancha para asistir al primer gran emparejamiento de la semana. A Tim le gustaba hablar y chulear un poco y aquel día se comportó sabiendo que partía con cierta ventaja: jugaba en casa y tenía a Nueva Jersey de su parte.

Jermaine ignoraba lo que se le avecinaba; yo no: Thomas y yo ya nos habíamos visto las caras. Sucedió el verano anterior en un torneo en Nueva York, y yo pequé tanto de ansioso como de naíf.

Sucedió que, al final del partido, me quedé esperándole para marcarle mientras subía la pelota. Quedaban diez segundos y yo me puse en guardia sin dejar de mirar a Tim, que alardeaba de su manejo del balón. No iba a permitir que me dejara en evidencia.

—Chavalín, ¿qué prefieres? —me preguntó Tim—. ¿Un mate o un triplazo en tu cara?

—¡Cállate la puta boca! —repliqué yo, en parte porque me quedé completamente a cuadros con su descaro.

—Que conste que te lo he advertido, enano.

Dicho lo cual, se elevó por encima de mis narices y me clavó un triple que entró limpiamente en la canasta sobre la bocina.

—Ya te llegará el momento —dijo fríamente mientras abandonaba la pista y me dejaba allí tirado. Estaba que sacaba humo, pero, ¿qué iba a hacer? Era Tim Thomas.

En su duelo contra Jermaine, en el ABCD, Tim salió metiendo caña de idéntica manera. Solo empezar, se marcó un tiple en la cara de O'Neal.

—¡Bang! —le gritó Thomas a Jermaine—. Te la dedico.

«Oooooh», proclamó el respetable al unísono en un tono prácticamente silencioso.

Jermaine, que era la clase de chaval de voz suave que decía gracias y perdón, había cometido su primer error. No replicó. A partir de entonces, Tim lo trató de débil. Y lo avasalló. En la siguiente jugada, Tim se hizo con la pelota cerca de la amenazante línea de triple, amagó varias veces hacia su derecha y cuando O'Neal picó, lanzó la pelota contra el tablero, se elevó y machacó la red.

—¡Pasta en efectivo, pasta, pasta! —repitió Tim, corriendo hacia atrás sobre la pista.

Después de que Jermaine reaccionara con un par de tiros desde la pintura, Tim interceptó un pase sobre la línea de tiros libres y se lanzó al contraataque. Amagó, hizo un paso hacia atrás y luego se marcó un mate explosivo por encima de la cabeza de Jermaine. El pabellón se vino abajo.

—¡Tú, mi putilla sureña —le gritó Tim a Jermaine—. ¡Mi putilla sureña!

Sería la paliza más demoledora que presenciaría jamás en el campeonato de verano entre dos jugadores clasificados entre los diez mejores; y sería, sin duda, una de las más embarazosas. Sin embargo, Tim no volvió a ser el mismo durante casi toda la semana, por lo que la batalla por el MVP quedaba completamente abierta. A Kobe tanto le daba, y se alzó con el galardón sin despeinarse.

Yo pasé un poco inadvertido en el ABCD, pero mi juego seguía cotizando al alza, como quedó probado cuando terminé clasificado entre los veinte mejores jugadores del campamento. Quizá Tim tuviera razón. Todavía no era mi hora, pero quedaba mucho verano por delante.

Concluido el ABCD, puse rumbo a Las Vegas para participar en el torneo Adidas Big Time, otra invención de Sonny. Ni que decir tiene que acudieron todas las grandes estrellas (entre ellas Tim Thomas y Kobe Bryant). Gracias a su victoria en el ABCD, Kobe fue proclamado unánimemente número uno del país en su último año. Cuando Kobe se desplazaba de una cancha a la otra durante cualquier torneo o campamento, decenas de entrenadores universitarios agarraban su silla y le seguían hasta su próximo destino. En otras palabras, dondequiera que estuviera aquel mocoso de dieciséis años es donde estaba la acción. Y allí, precisamente, es donde estaba Sonny.

Para no perderse el más mínimo detalle, Sonny decidió poner al equipo de Kobe en la pista de al lado de los Panthers, y los enfrentamientos fueron programados en base a un «quién es quién» del baloncesto amateur. Mike Krzyzewski, entrenador de la universidad de Duke, estudió atentamente el juego de Kobe. Jim Boeheim, entrenador de la universidad de Siracusa, hizo lo posible por cruzarse con mi mirada. Jim Calhoun, de Connecticut, y Billy Donovan, de Florida, se pelearon a empellones por las mejores vistas, al tiempo que mostraban la mejor de sus sonrisas ante los entrenadores más punteros de la AAU, con la única intención de dilucidar el destino universitario de sus jugadores más codiciados.

Durante el día, el caluroso gimnasio se convertía en un incesante escenario de negociaciones; de noche, era un descontrol. ¿Recordáis lo que comentaba antes sobre la falta de supervisión? Pues más de lo mismo: a aquel viaje no acudió ninguna delegación de padres de nuestro equipo para vigilarnos, que es lo que se estilaría hoy. Éramos una panda de chavales de dieciséis años de Nueva York acostumbrados a hacer lo que nos rotaba de sol a sol. Sencillamente, no había manera de que Gary nos pudiera controlar, especialmente con la de reuniones que tenía... que consistían, por lo general, en algún ejecutivo de una firma de zapatillas agasajándole con cenas y vino. Sonny le estaba adiestrando para convertirle en el siguiente padrino del tráfico de influencias, y siempre tenía alguna reunión a la que asistir.

Ah, y otra cosa. Por aquel entonces no teníamos que preocuparnos de las redes sociales. No había Twitter ni Instagram. Todavía quedaban doce años para la invención del iPhone, de manera que la peña no andaba por ahí paseándose con una cámara en la mano a la caza de un vídeo viral. Hoy, a la que un jugador sale de su habitación de hotel, tiene muchas posibilidades de terminar colgado en alguna red social; en aquella época, por suerte, aquello no existía.

Durante una de las primeras noches de nuestro viaje a Las Vegas, decidimos salir, y nos fuimos al Strip, la mítica avenida de la ciudad. Nunca habíamos visto nada igual. O sea, todos habíamos estado en Times Square, en Manhattan, pero no había ni punto de comparación. El parpadeo de los neones era hipnótico. Había fuentes manando a borbotones frente a hoteles de cinco estrellas. Daba la sensación de que todo fuera posible. Aunque, más que nada, lo que había era mujeres. No teníamos edad suficiente para apostar, pero eso era lo de menos. Queríamos tías.

Así que tuvimos la brillante idea de irnos de putas. Yo llevaba varios cientos de dólares en el bolsillo que me había dado Gary para el viaje, y aquel fajo pedía a gritos que lo despilfarráramos. Así que Kobe, Greg, Tony Lee (un escolta de Boston) y yo salimos hacia el Strip. Lo que más se veía eran jovencitas blancas paseándose de arriba abajo, y como ninguno de los cuatro había estado nunca con una blanca, nuestra misión para aquella noche quedó bastante clara.

Habida cuenta de que éramos todos negros, la mayoría de más de metro noventa y ocho, nos pusimos a contarles a todas con las que nos cruzábamos que éramos jugadores de la NBA. El único problema es que Kobe era ligeramente distinto al resto de nosotros. Kobe venía de los inmaculados barrios residenciales de Filadelfia, de Main Line, en particular, un barrio de mucha pasta, y carecía del bagaje callejero de un puñado de chavales de Queens. Kobe era pragmático y cuidadoso, reflexionaba las cosas y luego se preocupaba por las consecuencias. Era siempre súper consciente de todo. Nosotros, en cambio, hacíamos las cosas sin pensar. Así que, a mitad de nuestra misión, Kobe decidió que no lo veía claro y que se volvía a su habitación.

—Yo me retiro con Kobe —dijo Tony.

—¿Qué dices, tío? ¡Vente con nosotros! —repliqué yo—. Te lo vas a perder.

Acto seguido, Greg y yo nos levantamos a un par de chicas sin necesidad de hurgar en nuestros bolsillos. El rollo de la NBA funcionaba. A Tony le hubiese ido mucho mejor de haberse venido con nosotros, puesto que a la que se descuidó, Kobe tenía a una hermosa jovencita colgada del brazo, así que se quedó compuesto y en la estacada. Todavía nos partimos con aquella historia. Greg y yo terminamos reenganchando, claro que eso no fue obstáculo para que al día siguiente nos coláramos en las semifinales.

Al terminar el circuito de verano de la AAU, cada uno se fue por su lado. Como Greg y yo vivíamos cerca, continuamos quedando y saliendo durante el resto del verano. Greg vivía en Far Rockaway con su madre, a quince minutos de mi casa, justo al otro lado del aeropuerto JFK, en la barriada de Five Towns. Nuestro plan era bastante básico: cuando no estábamos jugando al básquet en Lincoln Park, nos dedicábamos a los videojuegos, la hierba y las chicas... a ser posible, al mismo tiempo. Pero como no podíamos llevarnos a las chicas a casa —y mucho menos fumar—, siempre terminábamos yendo a la de un colega de Greg mayor que nosotros, donde no nos controlaba ni Dios.

A partir de entonces, Greg y yo pasaríamos un montón de tiempo juntos. Cuando no estábamos en clase, entrenando o jugando partidos o a videojuegos, solíamos quedarnos en su casa o en la mía, y pillar comida. En mi casa nadie tenía coche, aunque eso tampoco importaba demasiado, puesto que ni siquiera tenía permiso de conducir. De manera que Greg conseguía a menudo que su madre le prestara su destartalado Mazda cupé MX-6 verde metalizado. Dentro de aquel minúsculo vehículo conseguíamos embutir hasta a cuatro jugadores de baloncesto. Yo mido dos metros diez, pero nos lo montábamos para encajar. Era mejor que ir en bus, claro que, teniendo en cuenta que siempre llevábamos hierba encima y que Greg seguía teniendo solo permiso de prácticas, era siempre toda una aventura.

Por aquel entonces, parecía que todo el mundo fumara marihuana. Era algo de lo más normal en el barrio. Yo siempre la conseguía fácilmente: ser el jugador de baloncesto de instituto más famoso de la ciudad ayudaba. Siempre aparecía alguien que me ofrecía algo. En la vida me he gastado un chavo en marihuana. Claro que no pasábamos de ahí y evitábamos las drogas duras. Aquello ya no molaba, y nunca tocamos nada aparte de la hierba que nos pasaban camellos de pacotilla.

Conforme avanzaba el verano me quedé sin ningún torneo que disputar ni gran partido para el que prepararme, y la abuela Mildred empezó a preocuparse por mí más de lo habitual. A lo largo de mi adolescencia, nunca me metí en problemas, y no me molaba ni liarla ni salir con los chungos, pero con mi madre muerta y con mi padre vete a saber dónde, mi abuela era todo lo que tenía. Ella era la única y verdadera fuente de estabilidad en mi vida. Y creo que yo era lo mismo para ella. Yo seguía sin hablar con nadie de lo destrozado que me había dejado la muerte de mi madre. No verbalizaba ni mi depresión ni mi ansiedad —joder, eran palabras que ni siquiera formaban parte de mi vocabulario—. Cada vez que me imaginaba lo que sería perder a otra persona de mi familia y quedarme solo, me entraba el pánico.

A la que me quedaba sin una pelota entre las manos, la soledad me consumía, y la única manera de lidiar con ella era aislándome. Me iba a mi cuarto, cerraba la puerta y me provocaba el llanto. Estaba convencido de que si lloraba lo suficiente lograría deshacerme del dolor, vaciarlo de mi cuerpo. Pero nunca funcionaba. Lo único que conseguía era sentirme más desamparado. Estar en casa me entristecía. Ver la ropa de mi madre colgando de su armario sabiendo que nunca más se la pondría; el espejo en que se acicalaba antes de salir a trabajar; las ollas que utilizaba para cocinar. Todo lo que me recordaba a ella estaba paralizado y criando polvo. Cada vez que doblaba una esquina, una pequeña parte de mí suspiraba por escuchar su voz llamándome. Pero nunca pasó. Tenía que huir de las cosas que me recordaban a ella.

Y huir era fácil. Me bastaba con decir que tenía entrenamiento o partido. Aunque no tuviera nada.

—Abuela, el entrenador me quiere ver.

Y tal que así, me esfumaba. Procuraba entrar y salir cuando quería, mientras la abuela Mildred hacía todo lo posible por controlarme. Si una noche llegaba a casa a las tres de la mañana, me prohibía salir la noche siguiente. Luego, al despertar me abrazaba, pero sabía que sentía que estaba perdiendo el control sobre mí. Ambos deseábamos que el penúltimo año de instituto empezara lo antes posible.

7

AQUEL VERANO NO VI MUCHO a Liza, y ella dio por supuesto que mi repentina conversión en estrella del baloncesto y mi incipiente popularidad se me habían subido a la cabeza.

Después de conquistar el campeonato CHSAA, ser elegido MVP y de haber completado un circuito veraniego de lo más productivo, estaba a las puertas de convertirme en la mayor estrella del baloncesto de instituto de toda Nueva York. Mi cotización subía como la espuma, los cazatalentos llamaban a todas horas y mi popularidad entre las chicas se disparó. Y no me refiero solo a las chicas del instituto o las que me encontraba en el tren. Me refiero a las típicas mujeres que se ve en las discotecas, o agarradas del brazo de los matones del barrio. Yo ya medía dos metros diez, así que se pensaban que ya era un hombre hecho y derecho, aunque solo tenía dieciséis años. Me encantaba.

Pero para ser sincero, seguía pensando en Liza. Me conocía desde antes de toda la movida del baloncesto, y eso me conmovía. No habíamos quedado nunca, y mucho menos nos habíamos besado, pero decidí que tenía que dar un paso al frente. Se había acabado la tontería. Tenía que ir en serio. Así que, una noche, en lugar de hacer mis deberes, me quedé despierto durante horas escribiéndole una carta de amor. Era la primera que escribía, y mi caligrafía era prácticamente ilegible, pero necesitaba confesarle mis sentimientos. Para cuando terminé, había demasiadas palabras tachadas y el papel empezaba a parecerse peligrosamente a una camisa arrugada exhumada de las profundidades de mi armario.

Daba igual, puesto que todo lo que necesitaba expresar estaba estampado sobre los renglones azules, en aquella hoja de papel arrancada. La doblé cuidadosamente y la guardé en el bolsillo de mi chaqueta, donde estaría a buen recaudo. Sería cerca de la una de la madrugada cuando me decidí a apagar la luz. Entonces me detuve. Me quedé paralizado. La cama de mi madre descansaba vacía a un palmo de la mía. Sus joyas, polvorientas e intactas, seguían desplegadas sobre la cómoda. Recé. Pero no a Dios, sino a Cathy. Quién sabe, tal vez en esta ocasión sí me escucharía. Quería hablarle de una chica.

A la mañana siguiente me salté la tutoría, de manera que le entregué la carta más tarde, antes de que entrara a su clase de estudio.

—¿Qué es esto? —me preguntó.

—Léetela —dije antes de esfumarme rápidamente pasillo abajo.

Se daría cuenta de que era un poco tímido en lo que a romanticismo se refiere, pero diría que le conmovió. Les leyó la carta a sus amigas y se sintió halagada. Se quedó encantada, de hecho. Un amigo en común le contó durante la misma clase de estudio que uno de los chicos y yo habíamos redactado un listado de las chicas más guapas del instituto, y que yo la había puesto en primer lugar.

Horas después, aquel mismo día, me la encontré en el pasillo. Yo llevaba tres horas preguntándome qué le había parecido la carta. Se me acercó y sonrió. Y entonces hundió la mano en su bolso y me entregó un pedazo de papel: era su número de teléfono.

La carta funcionó.

Empezamos a hablar por teléfono casi todas las noches. Entonces solo había teléfonos fijos, un mismo número para toda la casa. Así que, como no podía ser de otra manera, sucedió que mi abuela y la tía JaNean descolgaron el teléfono más de una vez desde otro cuarto de la casa... y se comieron mi alarido:

—¡Estoy hablando yo!

Liza y yo tuvimos nuestra primera cita unas dos semanas después. Decidimos ir a ver la película *Independence Day* en compañía de otra pareja, para hacerlo más informal. Acudí al puesto de palomitas y me llené los bolsillos de caramelos, y acto seguido nos acomodamos en nuestros asientos y las luces se apagaron.

Al terminar la proyección, en el vestíbulo, me terminé una piruleta, me curré un anillo con el palo y lo encajé en el dedo de Liza.

—Ya sabes que un día serás mi esposa, ¿verdad?

Se le abrieron los ojos como platos y se le dibujó una mueca de escepticismo en los labios. Era el típico gesto de las chicas de Queens que están de vuelta de todo. Dios, las chicas de Queens. Son todo espinas sin rosa. Aunque no ella. Sus delicados rasgos se relajaron y nos quedamos callados durante un momento.

Y entonces la besé por primera vez, en el vestíbulo de un cine.

Después de un verano tan agotador como excitante sobre la pista de baloncesto, estaba con ganas de vestirme de nuevo de corto para mi penúltimo año en Christ the King. Inauguramos la temporada con el partido de revancha contra St. Raymond's. Regresamos prácticamente con el equipo al completo, y esta vez la cosa no estuvo igualada ni de lejos. Erick Barkley se metió hasta su cocina como un relámpago y nuestro alero Ira Miller lo enchufó todo desde larga distancia. Los vapuleamos 107-78 ante un pabellón que había colgado el letrero de «entradas agotadas». Yo completé el mejor partido de mi carrera con 28 puntos, 16 rebotes, 8 asistencias y 4 tapones, y fui proclamado MVP.

«Nos acaban de meter... ¿cómo decirlo educadamente? Una paliza en toda regla», confesaría el entrenador de St. Raymond's, Gary Decesare, ante los micrófonos de la emisora neoyorquina *Daily News* al terminar el encuentro.

Terminamos la temporada regular 1995-96 con un balance arrollador: 25-0, y ascendimos hasta el segundo puesto del ranking de mejores equipos nacionales. Yo promedié 17 puntos y 10 rebotes por partido. Estábamos preparados para defender nuestra corona como campeones vigentes del título de la CHSAA. El *New York Times* me describió como «un ejército destructor de un solo hombre» después de que derrotáramos de nuevo a St. Raymond's en los cuartos de final, donde registré 16 puntos, 21 rebotes, 6 tapones y 5 asistencias.

En las semifinales dimos buena cuenta de St. Francis Prep, 68-46, y nos ganamos el derecho a luchar por revalidar el título. La mera idea de terminar una temporada invictos nos abrumaba. Hubo quien se atrevió a decir que éramos el mejor equipo de instituto de Nueva York de la última década. Pero no pudo ser. El instituto Rice comenzó arrollándonos con un 12-2, antes de que nos espabiláramos y lográramos llegar al descanso empatados a 33. Tuve dificultades para encontrar buenas posiciones de lanzamiento, y los chicos de Rice nos pasaron por encima con un movimiento de balón y una velocidad desbordantes. Pese a todo, el final estuvo reñidísimo. A 1,3 segundos del final de la prórroga, Bevon Robin, jugador de Rice, atravesó la pista de cabo a rabo y se sacó de la manga un tiro increíble contra el tablero.

Yo me quedé hecho polvo. Me senté en el banquillo y hundí la cabeza entre mis manos. Me sentía como si hubiese fallado a mis compañeros. Habíamos sumado un balance espectacular de 48-3 en los dos últimos años, pero yo solo podía pensar en una cosa: volver a luchar por el título por tercera vez consecutiva el año siguiente y recuperar lo que era nuestro.

Me iba a quedar con las ganas.

8

UNA DE LAS PERSONAS más interesantes que he conocido durante mi travesía por el baloncesto es Ron William Artest Jr., mi volátil e incendiario colega. Yo siempre me he llevado súper bien con Ron, pero quienes estén familiarizados con su controvertida carrera en la NBA me entenderán cuando digo que no siempre resulta fácil comprenderlo.

Ron es como una compleja mezcla de emociones, energía y angustia apuntaladas sobre un gran corazón. En su día, la gente lo percibía como a un tipo grandote y duro, una bestia que contaba con el apoyo incondicional de Queensbridge, lo que provocaba que nadie advirtiera su lado más tierno. Todo el mundo hablaba de su ira, pero nadie de su empatía. Creían que su comportamiento malcarado en la cancha era lo que lo definía. Sin embargo, si algo definía a Ron era su empatía y su lealtad, que es lo que lo sigue definiendo a día de hoy. Como ya he dicho, es un hombre complejo.

Alrededor de un año después de dejar Riverside y empezar a jugar con los Panthers, participamos en el aclamado Wheelchair Classic, en el parque Riverbank State, en el Upper West Side de Manhattan. Al terminar el torneo, cuando ya nos íbamos, Ron se dejó caer en compañía de veinte tíos de Queensbridge. Yo me alegré de verle, puesto que hacía dos meses que no hablaba con él. Se me puso a un palmo.

Tenía los dientes apretados y el ceño fruncido. Caminó hacia mí amenazante, como si estuviera a punto de liar la del pulpo.

—¿Te crees que eres mejor que yo? —gritó furibundo, las aletas nasales resoplando—. ¿Qué te pasa? ¿Te crees que eres mejor que yo, negro?

—Pero tío, ¿de qué coño estás hablando? —respondí yo desconcertado a más no poder.

Su agresividad me pilló completamente desprevenido. Yo creía que éramos colegas. O sea, veníamos de jugar juntos durante el verano anterior. Solo habíamos perdido un partido de sesenta jugando para Riverside, e hicimos buenas migas casi a diario.

Ron no reculó, y yo ya estaba listo para lo que fuera.

—Soy el mejor jugador de esta ciudad —exclamó Artest—. Que te quede claro.

Y entonces, sin más, se retiró escoltado por su comitiva. Yo me quedé mirando a mi alrededor, intentando entender lo que acababa de suceder. Sabía que la competencia para alzarse con el título a mejor jugador de la ciudad era feroz. Era consciente de que te cambiaba el estatus. El premio te colmaba de chicas, dinero, fama y hasta de ofertas de becas. Aunque por encima de todo, te confería respeto. Y eso era algo que no tenía precio: tenías que ganártelo. Y Ron estaba resuelto a ganárselo a toda costa. Para muchos de esos chavales aquella era su única aspiración. El caso es que solo un jugador se alza cada año con el título a mejor jugador de Nueva York, y yo tenía clarísimo que no iba a regalárselo a Ron, por muchos colegas que le acompañaran. Me largué del parque desconcertado por la bronca, preguntándome en qué circunstancias nos veríamos la próxima vez.

Unas semanas más tarde, yo participaba en otro torneo de la AAU con los Panthers, esta vez en Nueva Jersey. Era uno de los acontecimientos del verano, así que todos los grandes nombres estaban allí. Cuando has estado alguna vez en un torneo de la AAU o en un campamento de verano, sabes que a la que pones un pie en el pabellón te encontrarás con baloncesto de pared a pared. Pueden disputarse hasta un máximo de seis partidos simultáneamente, uno al lado de otro, mientras entrenadores y cazatalentos van y vienen de pista en pista.

Nosotros estábamos en la pista número cuatro, y mi viejo compañero en Riverside, Ron Artest, jugaba en la número uno. No había vuelto a verle desde nuestro encuentro en Riverbank, así que me mantuve al margen.

Nuestro partido se ponía más físico a cada posesión. Teníamos mucho más talento que nuestros rivales, pero ellos maquillaban sus carencias con agresividad. Yo quedé emparejado con uno de los chavales más prometedores de la ciudad, una bestia malcarada de dos metros diez que se llamaba James Felton y que ya había firmado por la universidad de Florida. Le estaba pasando por encima, y se lo recalqué con cuatro palabras bien escogidas.

Nada más comenzar el partido, me hice con un rebote disputadísimo y me marqué un pase de treinta metros, hasta el extremo opuesto de la cancha. Todo el mundo apretó a correr en dirección contraria, excepto Felton y yo.

Después de hacer el pase, Felton se revolvió a mi espalda y me soltó un fulminante codazo en la cara. Me caí al suelo. Como la acción se había desplazado al lado contrario de la cancha, nadie advirtió que me estaba retorciendo en el suelo. O casi nadie.

Tres pistas más allá, Ron Artest, que hacía solo unas semanas me había saltado a la yugular, vio lo que había pasado y no le hizo ninguna gracia. Se desentendió de todo —por mucho que su partido estuviera en juego— y apretó a correr hacia mí, cruzando otras dos pistas con partidos en juego.

Yo estaba tendido en el suelo, sangrando abundantemente por la nariz. Ron se precipitó sobre la pista con los puños en alto y apretados. Le salía espuma por la boca y estaba listo para liarla.

—¿Quién coño le ha metido a Lamar? —preguntó.

Allí estaba él para tumbar a quien fuera a hostias. Yo estaba aturdido por el codazo, la sangre derramándose, y los nudillos de Ron a punto de caramelo. Me llevó un momento largo entender lo que estaba pasando. Fue entonces cuando todos los demás se detuvieron en mitad del partido y empezaron a correr hacia donde estaba yo. Estábamos al borde de una avalancha. Entrenadores, árbitros y miembros de la organización del torneo andaban de arriba abajo para restablecer el orden.

Milagrosamente, cuando las cosas volvieron a la calma, nadie fue expulsado, aunque yo tenía la nariz rota.

—Nadie le pone una mano encima a Lamar —gritó Artest—. ¿Me escucháis? ¡Que nadie se atreva a ponerle una mano encima a mi colega!

Ya os he contado que Ron es un tipo complicado y que, si algo tiene, es que es una de las personas más leales que he conocido nunca.

Ver a Ron saliendo a mi rescate me hizo ser consciente por primera vez de lo estrechamente unidos que estábamos todos, mientras intentábamos navegar las turbulentas aguas del baloncesto de instituto. Todos jugábamos un papel en la historia de los demás. También James Felton, el que me metió el codazo en la cara. A mitad del verano de 1996, antes de su último año de instituto, cuando nos encontrábamos todos en el campamento ABCD en Farleigh Dickinson, sucedió algo que iba a cambiar el curso de la vida de Felton. A toro pasado, se entiende por qué reaccionó de manera tan agresiva a mis improperios.

Sucedió que aquel verano, cuando el desconocido Tracy McGrady se encontraba en plena meteórica ascensión, su equipo se enfrentó al de Felton en el llamado Outstanding Seniors Game, el partido que clausura la semana del ABCD. La pista estaba plagada de futuros jugadores profesionales, como Quentin Richardson, Al Harrington y yo. Ninguno de los presentes habíamos oído hablar antes de McGrady ni de su pueblo natal: Auburndale, Florida. Sonny Vaccaro había permitido que Tracy estuviera en el campamento como favor a un entrenador al que conocía desde hacía años.

Felton, por su parte, ya era uno de los veinticinco mejores jugadores del país, provenía de las inmediaciones de Nueva Jersey, había recibido ofertas de St. John's y Siracusa, y estaba llamado a jugar en la NBA. Con el pequeño polideportivo abarrotado hasta la bandera y en un abrir y cerrar de ojos, McGrady capturó un balón suelto en mitad de la pista y se dirigió a ejecutar lo que parecía un mate incontestable.

Pero Felton fue tras él e intentó taponarlo, pese a que Tracy era conocido por su demoledora potencia de salto. Error de Felton.

«¡BUM!»

Tracy se marcó un demoledor mate en suspensión que puso el pequeño pabellón patas arriba. Hubo una estentórea celebración, que terminó con algunos espectadores invadiendo la pista e interrumpiendo el juego durante cinco minutos. Fue la guinda al insuperable verano de T-Mac. Para Felton, aquel sería uno de los momentos más embarazosos de su carrera. A partir de entonces, Tracy empezaría a cosechar todas las distinciones con que puede alzarse un jugador de instituto, entraría en el draft y firmaría un contrato con Adidas.

Por su parte, Felton caería en el pozo del autodesprecio y la vergüenza. Empezó a beber y su comportamiento se volvió cada vez más y más imprevisible. Finalmente, aceptó la beca de St. John's, donde, ironías de la vida, se haría amigo de otro novato, Ron Artest. Después de deambular por las ligas menores del baloncesto profesional, perdió la ilusión por el deporte, fue contratado como guardia de seguridad en Nueva Jersey y se dedicó a criar a sus tres hijos.

La salud de Felton empezó a deteriorarse, sus años de alcoholismo le habían pasado factura a su hígado, y le fue diagnosticada una neuropatía diabética que afectaría las terminaciones nerviosas de sus enormes pies. Una mañana, su mujer se lo encontró muerto en la cama. Tenía veintisiete años.

A veces pienso en aquel momento, durante aquel torneo, en Nueva Jersey, en la manera en que nuestros destinos se cruzaron y volvieron a cruzarse una y otra vez. James, Ron, Lamar. Pienso en los tres jugadores más destacados del baloncesto de instituto de la ciudad y en todo lo que teníamos en común y que el tiempo, muy probablemente, olvidará. La gente nos miraba como a estrellas del baloncesto; las universidades nos veían como los salvoconductos para meterse en la Final Four, y las marcas de zapatillas nos veían como a sus futuros promotores ambulantes.

Pero lo verdad es que éramos tres chavales de Nueva York aquejados de trastornos mentales o de adicción a sustancias (o de ambos), aunque eran dolencias sepultadas bajo la superficie, cuando no directamente ignoradas. Yo todavía no lo sabía, de hecho, pero es imposible huir del dolor eternamente. Tarde o temprano, termina por darte alcance. A Felton lo alcanzó temprano. Demasiado temprano.

Éramos criaturas heridas y no diagnosticadas. Para la maquinaria del baloncesto, cada uno de nosotros no era más que un producto temporal.

Nos vendieron un sueño y lo compramos.

9

En el verano de 1996, algunas semanas después de la celebración del campamento ACBD, Sonny Vaccaro y Adidas urdieron un plan maestro a mi medida. Querían transferirme a la academia Mount Zion Christian, una escuela privada ubicada en Durham, Carolina del Norte, para que cursara allí mi último año de instituto. Allí jugaría con Tracy McGrady. Mount Zion era un pequeño internado de reputación sospechosa, y el único motivo de su existencia era el equipo de baloncesto. En aquella época, contaba con veinticinco estudiantes, todos ellos primeras espadas. El plan maestro serviría para conseguir varias cosas. En primer lugar, para desvincularme de una institución patrocinada por Nike, Christ the King, e inscribirme en un programa Adidas. Esta se convertiría en la noticia más importante de la temporada baloncestística de instituto y generaría una inmensa publicidad para Sonny y Adidas, lo que nos permitiría enfilar nuestra gira nacional y los partidos televisados con mogollón de medios apostados en cada parada del camino. Mount Zion era el incontestable favorito para proclamarse campeón del codiciado galardón, que premiaba al equipo elegido en primer lugar en los rankings nacionales de baloncesto masculino del periódico *USA Today*. La mayoría de las veces, el equipo se coronaba invicto.

Si terminaba en Mount Zion, la jugada estaba clara: Sonny tendría a las tres estrellas más destacadas del baloncesto de instituto enfundadas en Adidas. Kobe, T-Mac y yo. Para Sonny, aquello sería dinero caído del cielo y convertiría a Adidas en la marca más poderosa del baloncesto amateur, consumando, en consecuencia, su revancha contra Nike, después de que la firma para la que había diseñado su legendario programa de dinamización nacional le hubiese puesto de patitas en la calle de mala manera.

Sonny quería conquistar el mundo, y así es como iba a hacerlo.

El plan contemplaba que Tracy y yo entráramos directamente en la NBA al año siguiente de haber jugado en Mount Zion y que firmáramos un contrato astronómico con Adidas. Aquello significaba que me iba a convertir, a mis diecisiete años, en el jugador más joven de la historia en vestirse de corto en la NBA.

El problema es que yo no quería ir, por muy grande que fuera el plan maestro de Sonny. Nunca me había ausentado de casa durante mucho tiempo, y no tenía ninguna intención de hacerlo ahora. Además, tampoco quería abandonar la disciplina de Christ the King. Me gustaba ir, y la idea de completar los cuatro años de instituto en el mismo colegio me seguía atrayendo. No había ninguna otra liga en todo el país que estuviera a la altura de la CHSAA. Además, me moría de ganas de volver a disputar el partido por el título y conquistar otro campeonato. Aunque realmente, en el fondo, lo que me pasaba es que no quería dejar a mi abuela. Habían pasado solo cuatro años desde que había perdido a mi madre, y no me aproximaba, ni remotamente, a superarlo. Necesitaba a mi abuela y necesitaba mi hogar.

Y estaba también la historia con Liza. Estábamos empezando a conocernos. A ella no le interesaba el baloncesto y nunca venía a los partidos, pero en el verano anterior a mi último año empezamos a quedar mucho. Liza no tenía la menor idea de mis planes de asistir a Mount Zion y se molestó mucho cuando se enteró de que igual me iba. Cuestionó que la quisiera, y parecía claro que había perdido parte de su confianza en mí. Liza estaba dolida, y yo decidí evitarla y eludir así cualquier clase de confrontación. *Evítalo, Lamar.* Es lo que me decía a mí mismo. Aquello inauguraría un patrón vital en gestión de conflictos que se perpetuaría durante veinte años... y que, para seros sincero, sigue vigente a día de hoy.

En un momento dado, Sonny, siempre tan persuasivo y persistente, me convenció de que fuera, aunque solo después de que yo pusiera una condición: no ir solo. Le propuse a Greg Nunn que se viniera conmigo. A pesar de que él ya se había graduado la primavera anterior, Sonny y Gary podían convalidárselo fácilmente como parte de su año preparatorio. Greg dijo que sí, especialmente sabiendo que si invertía un año en una escuela secundaria privada estaría mejor preparado para la universidad. Y pum, tal que así, nos enviaron para allí. Tracy ya se había desplazado a Carolina del Norte y se estaba instalando. Yo nunca había visto a Sonny tan entusiasmado: observaba cómo su plan maestro se iba desplegando exactamente tal y como había previsto.

Al final di marcha atrás el martes antes de que Greg y yo saliéramos rumbo a Carolina del Norte. Greg estaba cabreadísimo.

—¡¿A qué te refieres con que no vienes?! —me gritó desde la acera, delante de mi casa—. ¡Pues si tú no vas, yo tampoco!

—Tío, todo es culpa mía, pero no puedo ir —razoné yo.

—Me la has metido doblada.

Tenía todo el derecho a estar enfadado. A mí me resultaba mucho más fácil: solo tenía que regresar a las familiares instalaciones del Christ the King y seguir el camino que había empezado. Greg no se inscribió en ninguna universidad ni en ninguna escuela privada porque se había comprometido con Mount Zion. No tenía alternativa.

Gary también montó en cólera, se sentía culpable por haberle fallado a Sonny y por quedarse sin cobrar su parte del trato. Claro que no podía estar tan enfadado; su situación, bien mirado, no estaba nada mal. Yo seguiría jugando con los Panthers, un combinado patrocinado por Adidas, él seguiría ingresando dinero de otras muchas fuentes y sabía que tendría voz y voto en la decisión de mi destino universitario. Sonny se sobrepuso rápidamente, y yo me inscribí de nuevo en Christ the King.

Pese a todo, durante las semanas posteriores a mi decisión empecé a sentirme más deprimido de lo normal. A pesar de que estaba contento de haberme quedado en casa, no podía dejar de pensar en mi madre. Me preguntaba por qué me la habían arrebatado. No encontraba ninguna respuesta, y me lo seguía quedando todo dentro. Tras la muerte de mi madre me había invadido la tristeza, una tristeza profunda y cruda y casi paralizante; el problema es que ahora me costaba controlar el resto de mis emociones. Sobreviví a fuerza de sepultarlas con todas mis fuerzas, y cuando empecé a notar que no funcionaba, lo único que quería hacer era esconderme. Desaparecer de la vida de todos.

Pasé mucho rato encerrado en mi habitación o recluido en compañía de amigos cercanos. Liza siempre sabía qué decir, y aunque se sobrepuso al sentimiento de impotencia que le despertaba, era incapaz de sacudirme la sensación de estar deprimido.

Empecé a saltarme las clases. A saco. En los primeros dieciséis días de mi último año, solo fui un par de veces. Solo terminé un trabajo y no llegué a abrir un libro. Solo estábamos en septiembre y ya estaba en riesgo de quedar académicamente inhabilitado en mi último año.

Gary volvió a enfadarse conmigo.

—¡Te van a expulsar del equipo, joder! —exclamaba.

A mí me la sudaba. Ya se le ocurriría algo. Dependía demasiado de mi éxito como para no hacerlo.

Gary terminó encontrando una escuela secundaria privada para Greg. Se llamaba Academia Cristiana de la Redención y estaba en Troy, Nueva York. Quedaba a unos doscientos kilómetros al norte del estado, en mitad de la nada, y no era muy distinta a Mount Zion. Era un internado a palo seco, donde parecía que la dirección improvisara las normas sobre la marcha. El lugar era lo peor.

Sin embargo, a Greg las cosas seguían sin irle tan mal. A principios de verano, Gary le pagó la inscripción a un cursillo de verano en una academia de preparación universitaria de Nueva York. Gary conocía a alguien dentro que firmaría por Greg para que este no tuviera que asistir a clase ni hacer ningún trabajo. De tal forma, podría seguir jugando torneos en Las Vegas y en California. Así pues, la única obligación de Greg era terminar la temporada preparatoria en Redención para ser declarado académicamente apto para ir a la universidad, sin necesidad de quedarse todo el año escolar allí.

Yo, por mi parte, terminé de cavar mi propio hoyo con mis ausencias y mis suspensos. Greg convenció a mi abuela de que me sacara de Christ the King y me enviara —lo habéis adivinado— a Redención.

Lo primero que hice fue llamar a Greg.

—¿Qué tal el sitio? —pregunté.

—Es lo peor —me dijo—. Encajarás de puta madre.

Nos partimos la caja.

Colgué y tres días más tarde, sin siquiera contarle a Liza adónde iba, estaba al norte de Nueva York, rodeado de caos y vacío. Pensaba que Greg me lo había dicho en broma.

El lugar era como un circo abandonado. Era un proyecto de internado que se caía a pedazos. ¿Cómo demonios habría encontrado Gary ese sitio? La calefacción brillaba por su ausencia tanto en nuestro dormitorio como en las aulas. Solo llegar los estudiantes tenían que hacerse sus propias literas con cuatro pedazos de madera. La comida sabía a cartón. Excepto cultivar la comida , nos lo teníamos que hacer todo. Había tres duchas para cuarenta chavales. Si se terminaba el agua caliente, te comías el marrón y punto.

Y ni que decir tiene que ni Gary ni Greg me contaron nunca nada de todo esto. Greg seguía cabreado por el episodio frustrado de Mount Zion, y supongo que esta era su forma de vengarse. Tan pronto como vi el lugar, supe que me iría de allí tan pronto sonara la bocina del último partido de la temporada.

El fundador de Redención era el reverendo John Massey Jr., un auténtico abrazafarolas, la clase de personaje que dice «alabado sea Dios» cada dos frases y cuya falsedad parecía encajar perfectamente con el resto del submundo del baloncesto amateur. Era turbio de una manera amable y se aprovechaba todo lo que podía y más de contar en su academia con uno de los mejores jugadores del país.

Fundó la escuela en 1979, pero no tenía el menor prestigio baloncestístico y no habría sido posible dar con ella en el mapa del baloncesto ni con ayuda de una lupa. El año anterior a nuestro desembarco, Victor Page, futura estrella de Georgetown, se paseó por los mismos pasillos que nosotros.

Solo llegar, me pusieron en el mismo dormitorio que Greg. Impusimos nuestro orden inmediatamente y lo hicimos nuestro. Era como una celda, de manera que nos organizamos como si estuviéramos en una prisión. Greg era el poli malo, o el guardia de seguridad duro, y yo era el bueno, un guarda de buen corazón. El resto de estudiantes flipaba porque nunca habían conocido en persona a nadie que saliera en los periódicos. Un grupo de estudiantes africanos me bautizó como «MVP», y se me tiraban encima para pedirme autógrafos y consejos.

Greg empezó a fliparse demasiado.

—Esta es mi escuela —proclamó—. Aquí solo se peleará cuando lo diga yo. Nadie tendrá derecho a repetir de comida sin mi consentimiento.

No lo decía con mala baba, pero aquel sería el efecto que el lugar tendría en nosotros. Éramos chavales de Nueva York e íbamos de sobrados. Sencillamente se dio así. No queríamos estar ahí. Todo parecía parte de un ejercicio de supervivencia.

Paralelamente, al reverendo Massey se le acumulaban los chanchullos. Permitía que agentes de baja estofa me embarcaran en jets privados rumbo a torneos de la AAU de Florida, y lo mantenía en secreto. Era como si estuviéramos incurriendo a propósito en todas las infracciones contempladas por la NCAA.

Gary le encomendó a Greg que se convirtiera en su ojo en la academia: tenía que vigilarme y dar parte de todo lo relacionado con Lamar Odom, especialmente si Massey estaba implicado. Los partes de Greg mantuvieron a Gary y a Sonny al corriente de la situación, a pesar de encontrarse a cientos de kilómetros de distancia.

Al tiempo que Gary y Sonny velaban por los intereses que habían depositado en mí —asegurándose de que nadie se me acercara demasiado ni influyera negativamente en mi forma de pensar—, el reverendo Massey empezó a hacer lo mismo. En otras palabras, quería impedir que Greg hiciera de confidente de Gary, para así proteger *su* recién descubierto interés por mí. Había un montón de dinero para todos, pero los entrenadores universitarios parecían encantados de pagarle exclusivamente a Gary.

Ahora que me tenía en su gallinero, el reverendo Massey se convirtió en una persona muy importante en la comunidad baloncestística, aunque no le duraría mucho. Los equipos de la NBA empezaron a tantearle con ofertas en metálico a cambio de organizar entrenamientos privados conmigo. Ni que decir tiene que la respuesta era un no en mayúsculas: Gary y Greg se opusieron con vehemencia a organizar tales entrenamientos clandestinos. El problema es que Gary no podía decirle a Massey que lo sabía sin comprometer el trabajo de Greg como espía.

Con todo girando a mi alrededor, aquello se estaba convirtiendo cada vez más en un microclima carcelario donde todo el mundo miraba en todas direcciones y traficaba con el bien más preciado: la información.

Nuestra única forma de comunicarnos con Gary era a través del teléfono que había en el vestíbulo de la academia, y teníamos razones de sobras para creer que el reverendo Massey lo había pinchado. Greg fue suspendido durante una semana sin explicación después de una llamada a casa. Era la estrategia de Massey para llegar a mí eludiendo la atenta vigilancia de Greg. Sirvió también para dejar a Gary al margen mientras Greg viajaba rumbo a Queens en un trayecto de cuatro horas de autocar.

Huelga decir que Gary se estaba desesperando. Y cuando Greg fue suspendido por segunda vez, Gary amenazó con sacarme de la academia. Solo regresar Greg, Massey nos separó como compañeros de dormitorio y puso a Greg en compañía de un supervisor.

—Tío, me parece que estoy hasta el cuello —recuerdo que me decía.

Por aquel entonces, yo me lo estaba currando para entrar en la universidad de Nevada-Las Vegas (UNLV). Allí, nuestro contacto principal era un entrenador asistente y coordinador de reclutamiento llamado Greg «Shoes» Vetrone, un tipo duro que llevaba toda la vida en el mundo del básquet y que era de mi barrio.

Shoes, que se entendía bien con Gary, llevaba reclutando a chavales desde hacía casi dos décadas. A lo largo de los años, sus vínculos con Gary habían sido estudiados con lupa tanto por medios de comunicación como por gente del mundillo. Más allá de lo que hiciera o dejara de hacer, Shoes no tenía a Massey en muy elevada consideración y entendió (con toda la razón) que el reverendo me estaba utilizando para estafarle y llenarse los bolsillos.

Una día a principios de 1997, Shoes voló a Nueva York y nos recogió a Greg y a mí en Redención. Nos dijo que Massey no era de fiar, aunque nosotros ya recelábamos de él. Vaya, al menos toda la gente que me rodeaba lo hacía. Nunca permití que esa clase de situaciones me importunaran demasiado. Me había acostumbrado de tal manera a que los adultos me exhibieran, me compraran y me vendieran que ya nada me sorprendía demasiado. Además, nunca me negué a llevar un buen fajo de billetes en el bolsillo.

Íbamos en el coche, de camino a un restaurante al que quería llevarnos Shoes, cuando este descolgó el teléfono de su automóvil y llamó al reverendo Massey.

—Os voy a enseñar a qué se dedica este en realidad —nos dijo Shoes en un tono de voz que parecía salido de *Los Soprano*.

Dejó el teléfono en manos libres. Massey descolgó el aparato de su casa sin sospechar que estábamos escuchándole. A Vetrone le preocupaban mis notas. Las estaba pasando canutas para aprobar, y Shoes quería asegurarse de que yo fuera apto para ir a la universidad el otoño siguiente.

—Nuestro Señor no descansará hasta que Lamar apruebe —entonó Massey como si reconfortara a una numerosa congregación.

Pero parecía que el Señor trabajaba a comisión. Después de la llamada, donde acababa de quedar claro que el Reverendo era un corrupto, parecía evidente que había que alterar las notas de tres de mis asignaturas. Massey propuso cambiarlas por tres notables previo pago de quince mil dólares. Y así se hizo. A finales de semana recibí mis notas. Estaban plagadas de sobresalientes y notables falsos. Para entonces, las condiciones de vida en la academia se habían hecho insostenibles. Greg y yo habíamos conseguido lo que buscábamos: un expediente académico que nos declarara aptos para la universidad. A pesar de que todavía quedaban dos semanas para concluir la temporada, nos largamos de Redención. Sin embargo, para mi sorpresa, cuando la academia me envío la transcripción de mis notas dos semanas después, no había más que suspensos. Me la habían metido doblada, al igual que a Greg. De pronto, ninguno de los dos era apto para jugar en la universidad.

Gary lo organizó todo rápidamente para inscribirme en otra escuela privada, la Santo Tomás de Aquino de Nueva Inglaterra, en Connecticut, cuyo equipo masculino estaba entrenado por Jerry DeGregorio, amigo suyo de toda la vida.

A pesar de lo estrepitoso, confuso e incómodo que había sido mi último año en el instituto, coseché un montón de distinciones. En primavera de 1997, fui incluido en el Equipo del Año por la revista *Parade* por segundo año consecutivo, además de Jugador Nacional del Año. Además, fui invitado a participar en el partido McDonald's All-American, y en el Magic's Roundball Classic, evento patrocinado por Adidas.

Mi carrera de instituto había quedado, por fin, finiquitada. No mentiré: un poco de tristeza sí me dio, aunque estaba entusiasmado con lo que se avecinaba. Estaba preparado. Y aun en el caso de que no lo estuviera, ya no había vuelta atrás.

A pesar de que ni siquiera llegué a jugar en la última escuela de mi último año de secundaria, hay algo que salta a la vista. La Santo Tomás de Aquino, fundada en 1955, yace a día de hoy abandonada tras un descampado desgreñado donde se adivina su fachada de ladrillo rojo. En el interior vacío del edificio ya solo quedan pupitres desechados, equipamientos de ciencias ancestrales y taquillas oxidadas. Sobre la pared del aula de arte había un mural con un paisaje montañoso recortado contra un cielo azul en donde se leía: «Escala alto, expande tus horizontes».

Y eso es exactamente lo que planeaba hacer yo.

10

HACÍA MENOS DE UN AÑO que Sonny había tenido la genial idea de juntarme con Tracy McGrady, así que ahora que me enfrentaba a mi último partido de instituto, me pareció irónico tener que medirme a T-Mac.

En primavera de 1997, al final de mi último año, me desplacé a Auburn Hills, en Michigan, para participar en el Magic's Roundball Classic, un partido de exhibición patrocinado por Sonny. Allí iban a reunirse, como mínimo, media docena de futuros jugadores de la NBA, que serían los responsables de poner el espectáculo. Como era de esperar, Sonny nos puso a mí y a Tracy en equipos distintos, y no se cansó de promover el duelo a bombo y platillo en las semanas previas.

Sin embargo, aquel enfrentamiento para la historia se quedó en nada. McGrady jugaba literalmente como el mejor jugador del país. Demonios, si parecía sacado del All-Star de la NBA. Clavó tiros en suspensión, anotó triples, repartió asistencias increíbles en transición y machacó el aro tras *alley-oop* en incontables ocasiones. Hubo una jugada en particular que todavía llevo grabada a fuego en la memoria a día de hoy. Yo botaba la pelota con la izquierda en lo alto de la zona, hice una finta con la cabeza y me lo meé. Tenía todo el espacio del mundo por delante. La situación pedía a gritos ser resuelta con un golpe de autoridad.

Sin embargo, por algún motivo, fui incapaz de elevarme, de manera que opté por hacer una bandeja suave con la izquierda. McGrady apareció de la nada, se abalanzó sobre mí y taponó el tiro, que rebotó violentamente contra el tablero. Y antes de que pudiese reaccionar, se hizo con el rebote y salió en tromba para orquestar otro contraataque para enmarcar, mientras yo me encaraba con el árbitro al otro lado de la pista. Y lo que es más, durante aquel partido McGrady hizo alarde de un entendimiento instantáneo con Greedy Daniels, un base trepidante de uno ochenta y cinco con quien parecía llevar jugando toda la vida. Greedy acababa de comprometerse con UNLV y se preguntaba si me uniría a él.

—¿Qué vas a hacer? ¿Te vienes a Las Vegas? —me había preguntado Greedy a principios de aquella semana.

—Es lo que estoy intentando resolver —contesté—. Creo que lo tendré decidido en breve.

—Tío, te necesitamos. Y lo sabes. ¡Hagámoslo!

La verdad es que no quería ni pensarlo. Las grandes decisiones me intimidaban y procuraba evitarlas a toda costa. La presión era agobiante, tenía a gente comiéndome la oreja sin parar y el miedo a tomar la decisión equivocada me carcomía. Los remordimientos me atenazaban y me resistía a hacer nada que pudiera seguir alimentando la montaña de calamidades que llevaba acumulada.

Paralelamente, McGrady demostraba no tener problema alguno con las grandes decisiones. A pesar de que fuera de la pista era tranquilo y reservado, era elegante y desprendía cierta seguridad en sí mismo. Poco antes de deslumbrar a todo Dios y ser proclamado MVP en el Magic's Roundball Classic, anunció confiadamente que se presentaría al draft de la NBA. Pasaría de ser un completo desconocido a una futura estrella de la NBA en solo nueve meses. Yo estaba asombrado, pero tenía que decidir mi propio futuro.

De hecho, durante aquel mismo fin de semana, en Michigan, iba a decidir mi destino universitario. Mi familia voló hasta allí para la ocasión, algo que también hicieron Gary Charles y Greg Nunn. Yo no tenía ni idea de qué universidad elegir.

Sonny, Gary, Greg y algunos familiares se reunieron en mi habitación de hotel. Recuerdo que había cuatro gorras dispuestas sobre el mármol del lavabo de mi suite: Kentucky, Nevada-Las Vegas, Connecticut y una gorra de los Knicks que simbolizaba la NBA. La idea era que me metiera en el lavabo, cerrara la puerta, tomara una decisión y saliera luciendo la gorra de mi próximo destino.

Todos los presentes en aquella habitación me expusieron sus opiniones sobre el camino a elegir. A Gary le gustaba Kentucky, una opinión que compartía uno de mis familiares, en gran medida porque ambos habían aceptado dinero de la universidad. Greg y Sonny querían que fuera directamente a la NBA, lo que, en aquella época, no era muy habitual. A mí me apetecía la experiencia universitaria, puesto que tenía ganas de pasarme un año o dos fortaleciendo el físico y jugando contra rivales más duros.

Me metí en el lavabo y cerré la puerta. No me apetecía mirar las gorras. Me quedé de pie frente al espejo contemplando mi reflejo. *¿Quién soy?*, me pregunté. Era una pregunta que a menudo me costaba responder. Lo único que tenía claro es que seguía sin tener una respuesta clara. ¿Acaso la encontraría en alguna de aquellas cuatro gorras? ¿Acaso una de ellas me completaría como persona? ¿Haría feliz a la gente? ¿La decepcionaría? ¿Qué pasaría si levantaba una de esas gorras y debajo de ella solo encontraba arrepentimiento? ¿Acaso las cosas que había hecho volverían para atormentarme? O peor, ¿lo harían mis seres queridos?

Exhalé un poco de aire y abrí el grifo para refrescarme la cara. Miré mi reflejo. El agua me resbalaba por las mejillas. Parecía que estuviera llorando. ¿Estaba llorando, realmente? Quería sentir algo y no sentir nada a la vez. Ni que decir tiene que aquello se convertiría en un tema recurrente en mi vida.

No quería ponerme ninguna gorra porque me resistía a decidir nada. Bajé la tapa del inodoro. Me senté y me quedé mirando al vacío. Me incorporé. Me puse a caminar de arriba abajo. Me estiré en la bañera. Me acurruqué en el suelo. Hice flexiones. Me volví a refrescar la cara con agua. Intenté imaginarme ganando el campeonato. Todas esas imágenes hubiesen compuesto un gran montaje cinematográfico.

Aunque, por encima de todo, me imaginé a mi madre. Cathy. Ella sí hubiese sabido qué hacer.

«Pórtate bien con todo el mundo —me diría—. Haz lo que te dicte el corazón.»

Fuera del cuarto de baño, en la habitación, se escuchaba a gente entrando y saliendo. Nadie osó llamar a la puerta una sola vez. Tendría que llevar dos horas encerrado allí dentro.

Cogí la gorra de Kentucky y me la quedé mirando.

En diciembre de mi penúltimo año en Christ the King, Kentucky se enfrentaba a Iona en el Madison Square Garden. El entrenador de Kentucky, Rick Pitino, programó el partido para que yo pudiera verlo de cerca. Kentucky contaba con el segundo mejor equipo de Estados Unidos y con un cinco inicial plagado de estrellas: Antoine Walker, Derek Anderson, Tony Delk y Ron Mercer. Un póquer de jugadores NBA, ahí es nada. Arrasaron a Iona 106-79. Nosotros lo vimos todo en primera fila. Por si fuera poco, Kentucky ganó el campeonato aquel año. Elegir a Pitino era la opción más fácil.

La realidad, sin embargo, es que sabía exactamente adónde quería ir: a UCLA. Claro que no había ninguna gorra de los Bruins en el mármol del baño... Tenía mis motivos.

Bien, de acuerdo, hagamos un flashback.

Sucedió hace cinco meses, justo en el momento en que el curso de mi vida y de mi carrera baloncestística cambiaron silenciosamente. Entonces, el entrenador de UCLA, Jim Harrick, fue destituido por haber ocultado informaciones sobre una indecorosa cena. Harrick se había llevado a los gemelos Jason y Jarron Collins de Los Ángeles, y a Earl Watson, de Kansas City, a una cena de reclutamiento, conjuntamente con varios miembros del cuerpo técnico y otros cinco jugadores del plantel de UCLA, entre los que estaban Jelani McCoy y Cameron Dollar. También estaba Bob Myers, actual director general de los Golden State Warriors.

Los problemas de Harrick empezaron poco después de que presentara el exorbitante informe de gastos de la cena de varios miles de dólares, que despertaría las suspicacias del departamento deportivo de la universidad. En aquel momento, el director deportivo de

UCLA, Peter Dalis, proclamó que aquel era el informe de gastos más caro que había visto en catorce años.

Claro que todo el revuelo se armó en torno al hecho de que en aquella cena había dos jugadores más de los que permitía la regulación de la NCAA. Dalis acusó a Harrick de falsificar el informe de gastos para encubrirse. Harrick combatió las acusaciones y aseguró que Dalis se la tenía jurada. Al final, Harrick fue destituido. No le hizo ninguna gracia. No tuvo reparos en airear sus sentimientos en la rueda de prensa de despedida.

«El castigo es desproporcionado —proclamó Harrick—. Dalis me la tiene jurada desde hace años. No voy a negar que he cometido un error. Si tuve un comportamiento inmoral, me disculpo. A veces, carezco de buen criterio. Pero de ahí a cometer un delito... Me parece, sencillamente, una pena desproporcionada.»

Sea como fuere, Harrick se quedó de patitas en la calle. Y yo con él. De ahí que no hubiera ninguna gorra de UCLA en el baño aquel día.

Dos semanas después de que Harrick fuese despedido, firmé sendas cartas de solicitud para equipos de la NCAA: una para la universidad de Nevada-Las Vegas y otra para la de Connecticut. Mandar dos cartas era algo extremadamente inusual, pero me permitió ganar tiempo y me ahorró tener que tomar una decisión en ese momento. Curiosamente, al día siguiente jugué mi primer partido para la academia Redención en presencia de ojeadores tanto de UNLV como de UConn, y firmé 24 puntos y 15 rebotes.

Pero ahora estaba encerrado en el baño y tenía que tomar una decisión. Salí sujetando la gorra de Nevada-Las Vegas entre las manos. Todavía no quería ponérmela.

Lo siguiente era celebrar la conferencia de prensa donde anunciaría oficialmente mi decisión. Gary agarró la gorra y la metió en una bolsa Adidas hecha a medida. Y acto seguido, empezó a prepararse para dar la noticia. Empezó llamando a Bill Bayno, primer entrenador de UNLV, y a su asistente, Shoes Vetrone, para comunicarles las buenas nuevas. Le faltaba hacer lo más importante: llamar a Rick Pitino, que estaba convencido de que iba a elegir Kentucky y a quien no le haría ninguna gracia este giro de última hora. Pero Pitino no daba señales de vida, y Gary empezó a estresarse de mala manera.

La rueda de prensa debía celebrarse en el vestuario de los Pistons en presencia del legendario comentarista Dick Vitale, encargado de conducir la entrevista. Gary entró en el vestuario y vio a Sonny hablando con Dickie V. Gary iba engalanado con un traje de cuatro botones y con su proverbial sombrero de fieltro. Le encantaba maquearse, tendría una docena de trajes como aquel, y el doble de sombreros. Vitale, pese a todo, se mostró inflexible con el sombrero: se lo tendría que quitar cuando estuviera en el aire.

—No puedes llevar sombrero en televisión —exclamó Vitale—. Parecerás una especie de mafioso o de narcotraficante.

Gary, que era uno de los vicepresidentes de Citibank en Wall Street, se puso de los nervios y se negó a quitarse el sombrero. Sin comerlo ni beberlo, estalló una discusión a tres bandas sobre el sombrero. ¡Pero si ni siquiera se trataba de mi gorra de la UNLV! Supongo que mi anuncio oficial no podría haber tenido un desenlace más extraño y adecuado que aquel.

Después de dar la noticia y de hacer la entrevista con Vitale, me sentí como si me hubiesen quitado un peso de encima. Quedamos todos para celebrarlo con una cena. Gary se disculpó para ir al lavabo. Estaba de pie, frente al inodoro, cuando la tía JaNean irrumpió dentro y le agarró del pescuezo. Gary tenía los pantalones bajados y la tía JaNean se quedó lívida. Menudo desastre.

—¡Está en el lavabo de caballeros! ¿Se puede saber qué tornillo le falta?

—Más te vale que todo esto sea una broma —gritó la tía JaNean.

No le hizo ninguna gracia que hubiese descartado Kentucky, y mucho menos que el acuerdo con UNLV estuviese pringado por las garras de Gary. Al final se reconciliaron dos semanas después, cuando trascendió que Pitino había dejado Kentucky para fichar por los Boston Celtics.

Y así fue como terminó, oficialmente, mi carrera como jugador de instituto. A partir de ahora los focos brillarían más, todo tendría más trascendencia y la presión sería mucho más fuerte.

Yo solo quería volver a casa.

Liza y yo nos habíamos mantenido en contacto, y al volver a Nueva York quedamos para tomar una pizza. Comoquiera que mi último año en el instituto había sido tan caótico e inconexo, por poco me olvido del ritmo pausado al que transcurría la vida en el instituto.

—No me lo puedo creer: el curso casi ha terminado y se avecina el baile de graduación —comentó Liza.

Me pilló desprevenido. Me había olvidado por completo del baile.

—¿Con quién vas a ir? —le pregunté tímidamente.

—Con nadie.

—¿Quieres que vaya contigo? —le propuse.

—Sí, claro. Perfecto.

Me alegró que aceptara porque me parecía que era la única manera de compensarla tras haber dejado Christ the King sin siquiera comentárselo. Ella no tenía ni idea de que me iba, y se terminó enterando a través de amigos. Y como tampoco estaba al corriente del infierno por el que estaba pasando, no me lo perdonó durante meses. Yo no encontré el arrojo para decírselo porque lo estaba suspendiendo todo y me daba vergüenza. Así que me moría por asistir con ella al baile de fin de curso. Tenía muy buenos recuerdos de Christ the King, había hecho un montón de amigos y deseaba con todas mis fuerzas que la experiencia terminara con buen sabor de boca. Necesitaba sentirme normal, y asistir al baile de graduación sería la cosa más normal que haría nunca en el instituto.

El baile de graduación de la promoción de 1997 se celebró en una lujosa sala de Flushing Meadows, en Queens. Cuando vi a Liza enfundada en su vestido pensé que parecía un ángel. El azul marino era su color favorito, y se había pasado el día en la peluquería. Yo estaba tan entusiasmado de ver a amigos que hacía tanto que no veía que pareció que nos pasábamos la noche poniéndonos al día. La gente no paraba de preguntarme sobre UNLV, pero a mí no me apetecía ser el centro de atención. Quería disfrutar de una noche en que no tuviera que ser *aquel* Lamar Odom. Había un fotógrafo profesional apostado al fondo, y nos hicimos varias fotografías para inmortalizar el momento. Al final de la noche, todos nos lanzamos a la pista de baile y nos desinhibimos por última vez.

Yo terminé oficialmente mi experiencia en el instituto bailando una lenta abrazado a la chica con quien me quería casar.

II

En junio de 1997, poco después de la ceremonia de graduación, partí rumbo a la universidad de Nevada-Las Vegas. Me habían concedido el permiso para jugar, y me moría de ganas de conocer a mis nuevos compañeros de equipo y pisar el parqué. El cinco inicial de UNLV en mi primer año era la bomba: reunía a tres futuros jugadores de la NBA y a un par de chavales que terminarían jugando en el extranjero. Ahí estaban Tyrone Nesby, un alero con muñeca de ángel, con quien terminaría jugando en los Clippers; Keon Clark, un larguirucho desgarbado de dos metros once que taponaba sin misericordia; Greedy Daniels, el base de Louisiana, que seguía siendo uno de los jugadores más rápidos de todo el país, y mi excompañero en Christ the King Kevin Simmons. Un quinteto que, según los especialistas, era un irresistible escuadrón de chavales que volvería a poner a UNLV en lo más alto.

Por cierto, se me olvidaba un pequeño detalle.

Durante mi último año de bachillerato se diseñó un plan para que alguien se presentara en mi nombre a la selectividad, lo cual me aseguraría que se me declarara apto para estudiar y competir en la universidad. Yo raramente estudiaba o invertía tiempo en los deberes, aunque lo más preocupante era que mi rendimiento en los exámenes no era bueno. Mi incapacidad para concentrarme salía a relucir cada vez que me sentaba a hacer un examen. La selectividad era un obstáculo mayúsculo que me daba pavor.

Los exámenes me confundían. Estaban llenos de preguntas que yo, sencillamente, ignoraba, puesto que nunca me habían sido enseñadas. Pero más allá de eso, a la que me sentaba en un pupitre con un lápiz e intentaba rellenar la respuesta —A, B, C o D—, era incapaz de concentrarme.

Nunca me habían diagnosticado un trastorno por déficit de atención con hiperactividad. En mi barrio ni sabíamos que existía eso. Pero si alguien me lo hubiese explicado cuando tenía dieciséis años, hubiese identificado inmediatamente de qué se trataba.

Por otro lado, no he sido diagnosticado en la vida. A mí se me juzgaba por mi actuación en un terreno de juego que nunca debería haber pisado. Cada vez que me enfrentaba a trabajos que me confundían o para los que no estaba preparado, alguno de los que había invertido en mi futuro planteaba una alternativa. Y cada vez que aparecía una alternativa, yo decía que sí.

Al tipo que hizo la selectividad en mi nombre no le pillaron, pero cometió un error garrafal que, básicamente, pondría fin a mi carrera en UNLV antes de haber empezado.

—¡Ha sacado una nota demasiado alta, joder! —exclamaba Gary—. ¿Un 7,5? ¿Me estás tomando el puto pelo? ¡Pero si Lamar es un estudiante de aprobado pelado! ¿Qué coño va a hacer ahora? ¿Ir a la Ivy League?

Durante la primavera de 1997, justo antes del Roundball Classic me pidieron que le hiciera un favor a un viejo amigo de Sonny Vaccaro. Se trataba del exentrenador de UNLV Jerry Tarkanian. Tarkanian estaba intentando reverdecer viejos laureles en Fresno State, después de desvincularse amargamente de la disciplina de UNLV cinco años antes. Tarkanian deseaba que yo le hiciera una visita oficial en Fresno State. A nadie se le pasó por la cabeza que yo fuera a fichar por Fresno; simplemente se trataba de una forma de decirle a la gente, especialmente a los jugadores de instituto, que Tark seguía codeándose con los mejores y podía fichar a cualquiera. Conseguir que el jugador número uno del país se prestara a hacer una visita oficial surtiría efecto.

Sin embargo, nunca llegué a ir. Y, como era de esperar, a Tarkanian no le hizo ninguna gracia que pasara de él. Algunas semanas después del inicio de las clases en UNLV, un artículo publicado en *Sports Illustrated* informaba de que la NCAA estaba investigando la validez de mi nota de selectividad. La cosa pintaba mal. Era extremadamente inusual que se revisaran los resultados de un examen de selectividad después de que el jugador hubiese redactado ya su carta de intenciones y se hubiese inscrito en la universidad.

Desde mi punto de vista (que es el mismo hoy que entonces) solo había una explicación: tenía que haber un chivato. A pesar de que no pudimos demostrarlo, todos los miembros de mi círculo estaban convencidos de que Tarkanian se fue de la lengua, de que me delató a la NCAA como venganza por no haberle brindado mi visita de cortesía. Era la manera perfecta de vengarse de UNLV... y de mí.

La universidad me rescindió la beca. Fue uno de los días más tristes de mi vida. Después de pasarme tantos años escurriendo el bulto y tomando el camino fácil, de evitar los problemas y de resistirme a estudiar, mis negligencias me pasaban factura.

Bill Bayno, primer entrenador de UNLV, rompió a llorar cuando se lo contó a su asistente, Shoes Vetrone. Shoes también se vino abajo. Pero ninguno de los dos tuvo el valor de transmitirme la noticia personalmente. Me mandaron a un tercer asistente, con el que apenas tenía contacto, para que me hiciera llegar la carta oficial.

Barry «Slice» Worsen, un tipo de Brooklyn de treinta y siete años, era entrenador asistente y había aparecido como extra en *Glengarry Glen Ross*, la película protagonizada por Al Pacino. Worsen tenía la manía de llamar «juez» a todo el mundo. Llamó a la puerta y respondí. Su voz era suave y susurrante. Fue rarísimo porque era la primera vez trataba con él.

—Qué pasa, Juez. Me sabe mal ser yo quien tenga que hacer esto —dijo mientras me extendía el sobre—. Me temo que es para ti.

Esta vez me fue imposible comerle la cabeza a nadie para evitarlo. Nadie hubiera podido. Lo peor de todo era que Gary y Sonny, las dos personas que habían estado a mi lado durante todo el periplo, los mismos que habían puesto mi carrera en la picota sabiendo perfectamente lo que podía pasar, ni siquiera me dirigían la palabra. Me quedé tirado en mi apartamento durante días, a oscuras y llorando. Afuera la temperatura rebasaba los cuarenta grados, pero sentía que estaba en el lugar más frío sobre la faz de la tierra. Me pasé dos días intentando ponerme en contacto con Gary y Sonny, pero sin suerte. ¿Dónde se habían metido?

No cabía duda de que ambos sabían lo que estaba pasando: era demasiado gordo como para no enterarse. La pregunta era: ¿por qué no intentaban ponerse en contacto conmigo? Me sentí como si me hubiera quedado repentinamente sin amigos, y no tenía la menor idea de qué hacer a continuación. Me sentía traicionado. Y minúsculo, enfadado, rayado y triste. Aunque, sobre todo, me sentía solo. Mi vida no tenía sentido sin un futuro en un equipo universitario. Estaba rota. No tenía coche, no tenía dinero, y un sentimiento de desamparo, con el que forcejaba permanentemente, me estaba derrotando. Se suponía que iba a ser un pedazo de estrella del baloncesto, y los tíos así no se dedican a agobiar a la gente con sus sentimientos. No se me permitía mostrar flaqueza alguna. Así que nada, una vez más, me recluí y me automediqué con marihuana.

Una de las pocas personas que dio la cara por mí en aquellos días de oscuridad fue David Chapman, un destacado dentista y empresario de Las Vegas, además de seguidor de UNLV, que se desvivía por todo lo relacionado con los Rebels[3]. Poco después de ser expulsado, me mudé de mi apartamento y me instalé en casa de David, que me ofreció un lugar donde quedarme, me llenó el bolsillo de dinero y me aseguró que todo iba a salir bien.

Una noche, mientras chapoteaba en mi propia mierda, decidí que me hacía falta algún estímulo. David se avino a prestarme su coche, y yo me dediqué a conducir para desconectar de todo. Ni siquiera me preocupaba no tener carné de conducir. Me pillé un par de botellas de

---

3. Apelativo con que se conoce al equipo de baloncesto de la universidad de Nevada-Las Vegas. [*N. del T.*]

cerveza de medio litro y salí a dar una vuelta. Buscaba compañía. Era joven, guapo y conducía un BMW de última generación con cerveza en el regazo. No tenía nada que perder. ¿Qué podía salir mal?

Estaba impaciente y no estaba de humor para camelarme a nadie con palabras bonitas. Prefería pagar por un poco de compañía. Al cabo de un rato recogí a una atractiva jovencita e hicimos buenas migas.

Era demasiado bonito para ser real. Era una policía secreta de Las Vegas. Tan pronto como me puse a negociar su tarifa, me detuvo.

Fueron unos días desquiciantes para el joven baloncestista más cotizado del país: expulsado de la universidad de Nevada-Las Vegas, abandonado por sus amigos y detenido por solicitar los servicios de una prostituta. Llamé a David corroído por la vergüenza para que pagara la fianza. Tenía la voz temblorosa y quebradiza, y tan pronto como le conté lo que había pasado, me derrumbé. Era la primera vez en mi vida que me detenían. Me sentí como un auténtico fracaso.

Sabía que iba a arrastrar mis sucios chanchullos con UNLV hasta que me hiciera profesional, pero habida cuenta de que se me había pasado el plazo para inscribirme en el draft de la NBA, no me quedaba otra alternativa que seguir en el instituto. El escándalo no solo me perseguía a mí: Greg también las pasaría canutas. Solo llegar a St. Francis, en Queens, donde había recalado para jugar al básquet como estudiante de primero, el equipo de investigadores de la NCAA le tendió una inesperada emboscada y le interrogó durante seis horas.

Querían averiguar la procedencia del material deportivo que recibimos de manos de UNLV cuando estábamos en Redención. Tenían fotos de Greg llevando aquellas prendas. Lo bueno del dinero en efectivo es que una vez desaparece no hay manera de rastrearlo. Claro que no puede decirse lo mismo de una sudadera con capucha.

Greg se reunió con sus asesores antes de acudir a su entrevista con la NCAA, y estos le aconsejaron una sola cosa: «Si te encuentras con que estás a punto de mentir, simplemente responde: 'No recuerdo'».

Greg no recordaría en cuarenta y nueve ocasiones.

12

Tenía que esfumarme de Las Vegas lo antes posible. Mi experiencia en UNLV había sido un absoluto desastre. Empezaría de cero.

Ignoraba cuál sería mi próximo destino, y después de desentumecerme un poco, me puse a trabajar de nuevo con Gary Charles y Sonny Vaccaro en la siguiente maniobra. Gary se había puesto finalmente en contacto conmigo tras el fiasco de Nevada, aunque, por mucho que decidí perdonar tanto a Gary como a Sonny, nunca olvidaría lo sucedido.

Comoquiera que disponíamos de poco tiempo, mis opciones eran limitadas. Estábamos a finales de agosto de 1997 y la mayoría de universidades habían asignado los presupuestos de sus becas, por no hablar del escaso interés que despertaba mi figura después de lo sucedido.

Y en esas estábamos cuando irrumpió en escena un viejo conocido. Sonny contactó por teléfono con Jim Harrick, antiguo entrenador de UCLA, quien, en aquel momento, era primer entrenador de la universidad de Rhode Island, de la conferencia Atlantic 10. Después de unas cuantas llamadas más y de rellenar el papeleo necesario, me dirigí a Kingston, Rhode Island. Aunque había gato encerrado. Siempre lo había. Gary quería que Rhode Island fichara a Jerry DeGregorio como entrenador asistente. Tras el fiasco de

UNLV, tanto Gary como Sonny querían que alguien me vigilara a diario, alguien que se encargara de asegurar que no me descarriaba. Y ese alguien era Jerry.

Jerry y yo nos llevábamos bien, y lo cierto es que enseguida percibí que se preocupaba sinceramente por mis intereses. Era como el padre blanco que nunca tuve. Jerry se instaló en Rhode Island, y Sonny siguió orquestándolo todo desde la distancia. Juntos contrataron a un abogado para que nos ayudara con el proceso de admisión.

Después de que el abogado resolviera todas las disputas y marrones legales de Gary, quedaba todavía un pasito más que dar. Durante una reunión con el presidente de la universidad, el doctor Robert Carothers, algunos empleados de la sección de baloncesto y un puñado de alumnos, fui interrogado sobre varios temas, desde mi procedencia a lo que podría aportar en caso de ser admitido. A mí la reunión se me hizo extraña, como si todas aquellas personas me estuviesen pinchando con sus preguntas porque no creían en mí. Después de responder, notaba que seguían sin estar convencidos. Tenían a uno de los mejores jugadores de baloncesto del país en su sala de reuniones, pero no les bastaba con eso.

Y entonces me pidieron que escribiera allí mismo una redacción sobre mí y que acto seguido se la leyera. Tuve claro que estaban convencidos de que no sabía ni leer ni escribir. Me humillaron. Tener que hacer aquel ejercicio de primaria me pareció denigrante y vejatorio. Después de todo por lo que había pasado, de todos los malos momentos, parecía que cada día que pasaba me acercaba un poco más a tocar fondo. Después de leer una página y media de aquella redacción de mi puño y letra, me detuve. Se declaró un silencio incómodo en la sala, y todos los presentes se miraron los unos a los otros atónitos: no se creían que pudiera leer.

La experiencia no pudo ser más humillante, aunque la superé y me admitieron en Rhode Island como estudiante no matriculado (no oficial). Mi obligación era pasarme el primer semestre de mi flamante temporada universitaria en el banquillo y mantener un promedio de aprobado, lo cual me concedería el derecho a competir en primavera. A pesar de que acepté las condiciones, quedarme sin baloncesto por primera vez en mi vida me dejó al borde del colapso emocional.

Estaba tan deprimido que me vi obligado a recurrir a ayuda profesional por primera vez en mi vida. Fui a ver a un médico que me sometió a varios exámenes, que me recetó Prozac, un antidepresivo, para combatir la depresión y la ansiedad. Sabía que estaba tocado, aunque desde mi punto de vista lo que tenía era, sencillamente, tristeza. E incluso después de que las cosas empezaran a mejorar, me seguía sintiendo como en una nebulosa, sin saber muy bien por qué. Creía que aquel era mi estado de ánimo, pues la verdad es que ni sabía ni entendía lo que era una depresión. Conforme fueron pasando las semanas, empecé a notar los efectos positivos del Prozac. Me tranquilizaba y me mantenía cuerdo. Me pasé el semestre entero medicado.

Una vez me hube instalado del todo en la escuela, empecé a jugar partidillos improvisados en el pabellón Keaney, la cancha local, con un aforo de 3.800 localidades. Aquella sería una distracción de lo más necesaria. Me apetecía mucho vivir la vida en el campus, y me convertí en una persona sociable. Comíamos cada día en Ram's Den, la zona de cafeterías de Memorial Union, en pleno campus. Los martes y los jueves salíamos por los bares de la universidad.

No disfrutaba especialmente de ir a clase, aunque mi asignatura de Estudios Afroamericanos me mantenía estimulado. Me sentía como un universitario más. No tardé mucho en darme cuenta de lo bien que me sentaba el plácido y frondoso esplendor de Kingston, en comparación con las luces de neón y el corazón palpitante de Las Vegas. Nada que ver. El rollo de pueblo pequeño y unido de Rhode Island era exactamente lo que necesitaba, por mucho que seguía aislándome cada vez que me sentía solo y apabullado.

Padecía un trastorno de ansiedad por separación desde la muerte de mi madre, aunque en aquella época ignorara que tuviera un nombre. No soportaba estar solo. La sensación de no tener a nadie a mi alrededor, de haber sido abandonado, era el detonante más efectivo para desatar el dolor por la muerte de mi madre, que me atenazaba constantemente y me perseguía tanto en mis sueños como despierto. A día de hoy me sigue pareciendo irónico que cada vez que las cosas se ponen chungas, elijo siempre aislarme, quedarme solo. Me recluyo donde nadie pueda encontrarme. En la universidad de Rhode Island estos episodios se repitieron con frecuencia. En esos casos, o bien me encerraba en mi habitación o en la de un amigo, al otro lado del campus; cualquier lugar que me permitiera escapar del desastre en que se había convertido mi vida.

Lo único que me reconciliaba con mi viejo yo era pisar la cancha y sentir el balón entre mis manos. Y la verdad es que me encantaba estar rodeado de mis compañeros de equipo.

Cuttino «Cat» Mobley era un escolta zurdo de último año que seguía siendo un talento por descubrir y una fuente constante de energía y pensamiento positivo. Era el capitán del equipo y aquel año decidió que se postularía para la NBA. En Rhode Island nadie hizo tanto como «Cat» por levantarme la moral. Nunca podré compensarle por ello.

Tavorris Bell era un estudiante de primero con quien había coincidido en los Long Island Panthers. Era un dos metros esbelto capaz de saltar un metro diez en vertical; T-Bell es uno de los jugadores más flipantes con los que he jugado nunca. Siempre amenazaba con hacer cosas en la cancha que nunca había visto. Le conocía desde los dieciséis años, y su delirante y retorcido sentido del humor fue siempre una bocanada de aire fresco contra la pesadez de la depresión que me atenazaba. Bell eran tan capaz de imitar acentos bobalicones como de interpretar personajes con los que te partías la caja; no había nadie mejor en el equipo para levantarme el ánimo.

Jugamos varios partidos de entrenamiento antes de que arrancara la temporada regular. A veces conducíamos cuarenta y cinco kilómetros al norte para batirnos contra los chavales de Providence. Otras veces eran ellos quienes venían a Rhode Island. Recuerdo librar varias batallas épicas con Jamel Thomas, un chaval de Coney Island que pasaría sin pena ni gloria por la NBA. Aquellos partidillos eran tan catárticos como intensos. A mí me hacían casi tanta falta como mis compañeros.

Claro que la moral que me dieron aquellos partidos no tardaría demasiado en irse al traste. En octubre, durante el Midnight Madness[4], fui consciente de que no volvería a jugar hasta primavera.

Los chavales empezaban a formar un grupo unido tanto dentro como fuera de la pista, y por mucho que procuraban involucrarme todo lo posible en sus actividades, no podía evitar sentirme excluido. A menudo terminaba recluyéndome en mi habitación en el apartamento que tenía el equipo en la residencia universitaria, mientras el resto de compañeros ultimaba la puesta a punto para la temporada.

Recuerdo una noche, en octubre, en que me sentía especialmente vulnerable. Serían las ocho de la tarde, y T-Bell y yo estábamos en nuestra habitación. De repente, me sobrevino una oleada de recuerdos en tromba: la universidad de Nevada-Las Vegas, el desengaño con Sonny, la suspensión y, como siempre, mi madre. No podía quitarme de encima la sensación de fracaso. Quería largarme de Rhode Island a toda costa. A T-Bell mis confesiones le pillaron desprevenido.

Me incorporé de un salto y entré a tientas en la cocina, donde encontré una botella por abrir de Bacardi Limón. Arranqué la tapa, regresé al salón y me quedé sentado en el suelo frente al sofá. Bebí un trago detrás de otro. Tenía dieciocho años y nunca había probado las bebidas alcohólicas de alta graduación. Había dado algún sorbo que otro al coñac, pero poco más. Nunca me había emborrachado. Y comoquiera que mi tolerancia era baja, aquella noche me emborraché súper rápido. Me ardía la garganta.

«¡¿Por qué coño me ha pasado esto?!», grité. «Yo solo quiero jugar al baloncesto y ser feliz!»

Me había bajado la botella entera en menos de una hora. Me sentía calentito, ido y temerario, aunque al menos pasé un rato sin sentir ningún dolor.

—Tío, ¿por qué sigues amorrado a esa botella? —se rio T-Bell.

—Me la tengo que terminar —balbuceé borracho—. Depende de mí.

---

4. Celebración anual que marca el principio de la temporada de baloncesto universitario en Estados Unidos. Es el momento en que los distintos combinados entrenan por vez primera delante de público. [*N. del T.*]

Me quedé amorrado a la botella como si fuera un chupete media hora después de haber vaciado su contenido. Tenía que largarme de aquel apartamento.

—Llévame al Gueto —le pedí a T-Bell.

El Gueto era la zona de viviendas del campus donde la universidad parecía destacar a todos los alumnos de color. En realidad se trataba de un lugar bonito, aunque no éramos ajenos a su velado segregacionismo. Había una estimable población de Cabo Verde, y muchas de las chicas eran guapísimas. T-Bell me dejó en el apartamento de una que se llamaba Rose, aunque yo no tenía ni puñetera idea de dónde estaba.

Lo siguiente que recuerdo es que estaba saliendo el sol. Yo deambulaba a trompicones por las inmediaciones del edificio de Rose. T-Bell, que pasaba por ahí en coche, me encontró junto al contenedor de la basura. Solo llevaba puesta una camiseta imperio, calzoncillos y un calcetín. Estaba de rodillas, vaciando mis entrañas. T-Bell me condujo de vuelta al apartamento y yo me arrastré hasta la cama. La cabeza me palpitaba como un terremoto que ha dinamitado la escala de Richter. Las réplicas se sucedieron cada diez minutos durante horas. La habitación no dejó de dar vueltas, pero al menos estaba en mi cama. Me quedé allí postrado dos días.

El siguiente varapalo llegaría en enero de 1998, cuando fui declarado académicamente «No apto» tras no lograr mantener el promedio de aprobado. El presidente Carothers emitió un frío comunicado oficial:

Lamar Odom ha dejado de ser estudiante de la Universidad de Rhode Island. Su solicitud de admisión a la universidad ha sido cancelada. Mis conversaciones con él me han demostrado que dispone de la inteligencia y la capacidad necesarias para cumplir con el trabajo universitario satisfactoriamente, y confío plenamente en que no cejará en su empeño de seguir trabajando para lograr ser admitido en la universidad de Rhode Island.

Dios. Aquello tampoco ayudaba. Necesitaba más Prozac.

El equipo completó una gran actuación en el torneo de la NCAA de 1998. Yo lo contemplé todo desde la banda. Los Rhode Island Rams conmocionaron al país entero al deshacerse de Paul Pierce y de sus Kansas Jayhawks, que partían como favoritos, en la ronda de treintaidosavos de final, gracias a la estelar actuación de Cuttino Mobley, que anotó 27 puntos. El equipo sucumbió en cuartos de final, donde caería a manos de Stanford, los terceros cabezas de serie, que contaba con tres futuros jugadores de la NBA.

A pesar de que estaba encantado con el éxito del equipo, también estaba seguro de que de haber jugado yo habríamos alcanzado la Final Four, cuando no de proclamarnos campeones nacionales. Habría sido una de las páginas más legendarias del baloncesto universitario de la última década. Yo me sentía culpable por haber defraudado a mis compañeros, aunque a ellos jamás se les pasaría nada parecido por la cabeza.

Al terminar la temporada, y como había obtenido las notas necesarias, me encontré con que volvía a ser apto para jugar. Sin embargo, todavía había algo que me seguía carcomiendo, un demonio que tenía que exorcizar. Así que en junio me fui a pasar un fin de semana a Las Vegas, donde tenía la sensación de que me quedaban algunos asuntos pendientes. Cuando llegué al campus, el asfalto escupía columnas de calor que derretían la vista. Pero esta vez yo lo veía todo más claro que nunca. Me dirigí hasta el pabellón, donde los jugadores de UNLV disputaban un partidillo entre ellos.

Los chavales estaban jugando duro, y me quedé pillado con el juego de uno en particular. Era flaco como un espagueti y tenía un rarísimo tiro en suspensión. Se llamaba Shawn Marion. Era la primera vez que escuchaba su nombre, aunque ya sonaba con fuerza para convertirse en estrella después de ser traspasado a UNLV procedente de Vincennes, un instituto universitario de Indiana. Marion había remitido recientemente su carta de intenciones a UNLV.

Me até las botas, entré en la pista y caminé directamente hacia Marion. Yo estaba girado. En la inopia. Aquel día me dediqué a vacilar a todo el que se cruzó en mi camino. Nunca en mi vida había dicho tantas estupideces consecutivas. Bill Bayno, primer entrenador, y Shoes

Vetrone, su asistente, asistieron al espectáculo. Yo quería que vieran con sus propios ojos lo que se habían perdido. Tenía que demostrárselo.

Me llevé la pelota hasta el extremo de la pista y les expliqué a mis rivales lo que me disponía a hacer. Propuse que jugáramos tres contra tres. Les partí la cintura con mi cambio de dirección en carrera, hice mates todopoderosos y repartí asistencias milimétricas desde el extremo contrario de la pista. Shawn parecía incapaz de reaccionar ante el rapapolvo que le estaba endosando. Los entrenadores lo contemplaron asombrados. Al terminar, pillé mi bolsa de deporte y me puse una toalla alrededor del cuello. Me crucé con el cuerpo técnico, intercambiamos cuatro cordialidades, les deseé suerte y salí afuera, donde brillaba el sol de la tarde.

Una vez más, me había quitado un peso de encima. Me sentía más ligero. UNLV y todo lo que tenía que ver con ella ya no importaban.

Me sentí libre por primera vez en años.

13

En 1997, cuando me fui a la universidad de Nevada-Las Vegas, Liza había puesto rumbo a la universidad John Jay de justicia criminal, donde iba a dedicarse a su pasión por la medicina forense y la criminología. Liza tuvo clara su vocación el día que vio *El silencio de los corderos* por primera vez. Sin embargo, terminaría por verse obligada a interrumpirla.

A finales de aquel otoño, Liza había empezado a tener mareos. No se explicaba ni las náuseas ni el cansancio que la asolaban a todas horas. Fuera lo que fuera, no quedaba tiempo que perder. Pidió hora para ver a un médico, y este le confirmó sus peores temores: estaba embarazada. Y aterrorizada.

La cabeza le empezó a ir a mil. ¿Cómo iba a decírmelo? ¿Acaso tendría que dejar la universidad? ¿Se podía permitir realmente tener un bebé? ¿Y su vida? ¿Se la había cargado? Ella estaba convencida de que sí, aunque lo que más la asustaba, con diferencia, era contárselo a su madre, para quien no había nada más importante que su fe católica. Su madre no creía en el sexo antes del matrimonio, por no hablar de la descendencia extramatrimonial.

Liza se pasó los primeros meses de embarazo hundida. Hizo todo lo posible y más para ocultar cualquier evidencia de que llevaba una criatura en las entrañas. Se dormía llorando casi a diario, dejó de ver a la mayoría de sus amigas y perdió el interés por las cosas que siempre le habían gustado. Y lo peor de todo: sabía que se acercaba el día en que no podría seguir disimulando su estado, en que tendría que contárselo a su madre. Se preparó para el temido momento contándoselo primero a una amiga de infancia, aunque eso no impidió que alargara la confesión al máximo. Cuando finalmente se decidió a hacerlo, las cosas no salieron como había planeado. Salieron mucho peor. Liza invitó a su madre a que se sentara a la mesa de la cocina y se lo soltó a bocajarro y anegada por las lágrimas.

Su madre rompió a llorar y, acto seguido, empezó a gritar. Luego, se puso a recorrer la pequeña cocina de arriba abajo mientras entonaba una plegaria.

—¿Qué es lo que he hecho, Señor? —gritaba—. ¿Por qué mi hija?

La noticia generó un cataclismo de órdago tanto en la relación madre e hija como en el hogar de los Morales. La misma morada donde reinaban el amor y el cariño se transformó en Siberia de la noche a la mañana. Su madre se pasó cuatro semanas sin dirigirle la palabra. Cuando se cruzaban por el pasillo ni siquiera se miraban de reojo. Desayunaban en un silencio sepulcral. Nadie creyó que existiera ningún motivo para celebrar la buena nueva, y Liza estaba cada vez más angustiada por su futuro. Yo solo llamaba por teléfono cuando sabía que la madre de Liza no estaría en casa. Si su madre descolgaba, cortaba inmediatamente.

—Sé que es ese chico —le decía su madre.

Cuando Liza me lo contó, reaccioné al revés que su madre. En un primer momento, me quedé paralizado, atónito, pero después de hablarlo, no me quedó ninguna duda.

—No quiero abortar —me dijo Liza en un tono tan tierno como inquebrantable que no le había escuchado jamás—. Lo digo en serio. Quiero tener a mi pequeña. Y si no te parece bien, pues te dejaré. ¿Tú qué quieres?

La verdad relucía en su voz quebradiza. Era amor de madre en estado puro. Para mí aquello era lo más precioso del mundo. La miré y me imaginé cómo sería mi pequeña. Acaricié suavemente la mejilla de Liza con el dorso de mi mano y la estreché entre mis brazos.

—Yo también quiero este bebé —dije mientras las lágrimas me anegaban la voz—. ¡Vamos a tener una niña!

Liza se puso a llorar. Hundió su rostro en mi pecho y me dejó la camisa perdida de lágrimas. ¡Ese era mi destino[5]!

A medida que avanzaba el verano de 1998 y yo trabajaba en resolver mi situación en la universidad de Rhode Island, las cosas entre Liza y su madre volvieron a su cauce. Para entonces, Liza estaba ya de siete meses y acudía con frecuencia al ginecólogo. Su madre rezaba porque todo saliera bien. Y en cuestión de días, consagraría todo su tiempo libre a ayudar a su hija y criar a su nieta con idéntico amor y cariño con los que había criado a Liza.

Yo iba a ser padre a los dieciocho años, y me disponía a enfrentarme a responsabilidades de las que raramente se preocupa un adolescente. Para Liza, la realidad fue mucho más implacable: tuvo que abandonar la carrera durante el segundo semestre de su primer año.

Yo quería ser un buen padre. Quería ser mejor padre que mi padre y convertirme en el hombre que mi padre nunca había sido. Me prometí querer a mi hija como Joe nunca me había querido a mí. Mis hijos me mirarían y sonreirían, sabiendo que tenían un buen padre. Se enorgullecerían de llamarme papá.

El 8 de agosto de 1998, Destiny nació en el hospital St. John's. Se convirtió en mi angelito desde el segundo en que la sostuve entre mis brazos por primera vez. No daba crédito a lo grandes que eran sus ojos marrones. Liza siempre había tenido debilidad por el nombre Destiny, y a mí me pareció que le pegaba. Le pusimos Catherine de segundo nombre en honor a mi madre.

Cuando Destiny llegó al mundo, yo estaba a punto de iniciar mi primera temporada oficial en el baloncesto universitario, lo que generó una gran expectación. El público de Rhode Island no estaba acostumbrado, pero el bombo me seguía a todas partes. La cobertura mediática creció de manera exponencial. Rhode Island fue incluida en la

---

5. Juego de palabras con «*destiny*», «destino» en inglés, y el futuro nombre de la hija de la pareja, Destiny. [*N. del T.*]

clasificación de las veinticinco mejores formaciones universitarias del país según Associated Press[6]. Un corresponsal de *Sports Illustrated* visitó la ciudad y escribió un artículo en profundidad. Todo estaba saliendo a pedir de boca... hasta que dejó de hacerlo.

Arranqué la temporada como un vendaval. Anoté 25 puntos, capturé 11 rebotes y repartí 10 asistencias. Sin embargo, aquello no sería lo que iba a recordar de aquel partido.

Ignoro qué clase de bicho me picó, pero el caso es que durante ese primer partido salté a la cancha calzando unas Nike Air Jordan. Lo hice en vivo y en directo ante las cámaras de ESPN, que retransmitieron el encuentro para todo el país. Después de un gran arranque de temporada, aparecimos en un artículo de doble página ilustrado con una fotografía en movimiento de un servidor abalanzándose sobre el aro. El emblema de Jordan sobresalía de la suela del zapato y aparecía a lo grande en la imagen.

Sonny por poco enloquece. En el feroz mundo del *branding* de las zapatillas deportivas, no existe una ofensa mayor. Para Sonny aquello era peor que me pillaran con una prostituta. Era una traición. Así que se vio obligado a rendir cuentas frente a sus jefes de Adidas. Sonny y Gary me estuvieron calentando la cabeza durante días.

—¿En qué coño estabas pensando? —preguntaba Sonny—. ¿Sabes lo mal que me estás haciendo quedar?

Como es habitual, a mí no me preocupaba demasiado. Además, a Sonny los enfados le duraban un telediario.

Poco después del incidente, dispusimos de unos días libres de clase y decidí ir a Nueva York. Me subí al tren y cuando me bajé Liza se presentó por sorpresa en el andén de Penn Station. Yo estaba hecho un manojo de nervios y emociones, y me moría de ganas de hablar con ella. Nunca dejaba de pensar del todo en mi madre, y en ocasiones la tristeza de su ausencia me asaltaba.

Compramos algo de comer y nos fuimos hacia la casa de la abuela Mildred. Allí me sinceré con Liza. Me salió todo a bocajarro. Lloré y

---

6. Célebre ranking que la agencia de noticias publica cada año coincidiendo con el arranque de la temporada baloncestística universitaria en Estados Unidos. [*N. del T.*]

le confesé lo duro que me resultaba lidiar a diario con la pérdida de mi madre. Los acontecimientos empezaban a sucederse en mi vida a una velocidad de vértigo, y yo deseaba que mi madre estuviera a mi lado. Le conté que no solo la echaba terriblemente de menos, sino que prácticamente no tenía a nadie con quien hablar de ella. Y al ser hijo único, tampoco tenía a nadie más con quien compartir la carga. Tenía que hacerlo solito, aunque a veces el peso me resultaba tan aplastante que era incapaz de acarrearlo. Aquel día descubrí que Liza podía cargar conmigo una parte de aquel peso. Aquella fue la primera noche que lo hablamos.

Después de una temporada muy irregular, nos plantamos a las puertas del torneo de la Atlantic 10 (donde íbamos a protagonizar una actuación sorprendente) con un balance de 19 victorias y 12 derrotas. Yo, pese a todo, estaba registrando unos formidables promedios por partido: 17,6 puntos, 9,4 rebotes y 3,8 asistencias, además de un 48% de acierto en tiros de campo. A pesar de que estaba dispuesto a quedarme otra temporada en Rhode Island, mi nombre empezó a sonar como posible número 1 del draft de la NBA (en caso de que decidiera presentarme).

Pocas horas antes de disputar la final del torneo de la Atlantic 10, Gary me llamó para convocarme a una reunión en la habitación de Sonny. Cuando llegué, Sonny y Gary me presentaron a un tipo al que no había visto nunca.

—Este es Dan Fegan —dijo Sonny—. Es tu nuevo agente.

Lo primero que pensé fue: *Este no es mi agente.*

No tengo muy claro cómo sucedió, lo que sí sé es que cuando los intereses universitarios coinciden con los corporativos, se cierran acuerdos. Gary era un traficante de influencias. Una vez más, sin comerlo ni beberlo, me encontré comprado y vendido.

Gary lo negó con vehemencia, y yo no me daba cuenta de que muchas de mis relaciones estaban a punto de descarrilar. Este sería el escenario donde iba a poner a prueba el valor de amistades forjadas durante años. Salí de aquella habitación de hotel sin pronunciarme, ni sí ni no, y, una vez más, me descubrí con la cabeza llena de pájaros. Estaba pensando en todo menos en lo que se suponía que tenía que ocupar mi concentración: el partido más importante de mi vida se iba a jugar en tres horas. Me eché una rápida siesta para desconectar.

Cuando llegamos al viejo Spectrum Arena, en Filadelfia, ya tenía la cabeza bastante despejada. Estaba concentrado y llevaba una semana entrenando muy bien. La final resultó físicamente agotadora. Temple, nuestros rivales, pelearon cada canasta al más puro estilo John Chaney, esto es, a lo bruto, con ayuda de bestias como el futuro jugador de la NBA Mark Karcher y el pívot de dos quince Kevin Lyde, oriundo de Washington D.C. Su zona resultaba tan inexpugnable como desesperante. Encadenamos un tiro en suspensión fallido tras otro, incapaces como éramos de penetrar en su pintura.

Estábamos empatados a 59 cuando capturé un rebote de un triple lanzado desde muy lejos. Quedaban diez segundos para el final. Subí la pelota hasta mitad de la cancha y solicitamos un tiempo muerto cuando quedaban 6,1 segundos. El entrenador Harrick procuró calmarnos desde la banda, pero aquello era un caos absoluto. Estábamos ante un momento culminante.

—¡En la siguiente jugada vamos a buscar a Junior! —exclamó el míster.

Así me llamaba. Junior. Siguió exclamando que la pelota tenía que llegar a Junior. No tenía nada parecido a un plan. No dibujó nada en la pizarra. Yo había fallado mis últimos cuatro lanzamientos, pero era lo de menos.

—Que le llegue a Junior y ya está —imploró el míster.

Pusimos la pelota en juego frente al banquillo de Temple. Yo era plenamente consciente de que solo quedaban seis preciosos segundos para el final. Tan pronto como recibí el pase desde la banda, más allá de mitad de pista, enfilé rumbo a su canasta a dos palmos de la banda izquierda. Procuré moverme con soltura, consciente como era de que tendría que elevarme en breve.

No me hacía falta ver donde estaban la línea de banda ni la línea de triple: simplemente lo sabía. Mis sensaciones estaban al rojo vivo como nunca antes. Y entonces miré al reloj y me limité a dejar que la pelota saliera proyectada. No es que quiera vacilar, pero, vaya, bajo aquella inconmensurable presión... supe que la pelota iba a entrar tan pronto como salió de mis manos.

No llegué a escuchar la bocina, pero vi cómo la pelota caía y besaba limpiamente la red. La cancha se vino abajo. Me di media vuelta y apreté a correr hacia el extremo contrario de la pista. Creo que nunca en mi vida he corrido tan rápido. Me desplomé sobre la línea de fondo rival, escorado hacia la esquina. A duras penas podía respirar. Rompí a llorar. Mi compañero Antonio Reynolds-Dean impedía que me incorporara: quería alargar aquel momento eternamente.

Al terminar el partido estaba agotado. Me quedé sentado en el vestuario con los ojos arrasados por las lágrimas. Lloré como un bebé. Diez minutos después, el director de relaciones deportivas me dijo que era el momento de comparecer en rueda de prensa.

—Deje que descanse un poco más —le dijo Antonio al director—. Que lo saque todo.

Fue el mejor momento de mi carrera como jugador de baloncesto.

A la salida del vestuario todo el mundo me esperaba. Gary tenía una enorme sonrisa en la cara. Al menos, esta vez me había puesto las Adidas. Estoy seguro de que es lo que estaba pensando. Encontré a Greg y lo abracé.

—Qué pasa, tío. Es hora de largarse —le dije.

Le estaba informando de que mi paso por Rhode Island tocaba a su fin. Solo me quedaba jugar el torneo de la NCAA.

—A mí me quedan dos años de carrera —dijo Greg—. La madre que me parió no me dejará largarme de Nueva York hasta que me gradúe.

—Qué va, larguémonos. Tienes que venirte adonde quiera que vaya.

—Encontraremos la manera, Lamar.

Yo me contentaba con eso. En aquel momento, la vida nos sonreía.

Una semana después, Rhode Island perdió 80-71 contra la universidad de Charlotte en la primera ronda del campeonato NCAA. Y tal que así, mi carrera universitaria terminó. Me había estado debatiendo sobre si prefería seguir estudiando o presentarme para el draft

—mi típica indecisión—, pero en el fondo sabía que había llegado el momento.

Estaba listo para el siguiente nivel.

Una vez concluida la temporada, dejé Rhode Island y regresé a Nueva York. Claro que Nueva York no es precisamente el mejor lugar donde esconderte cuando todo el mundo quiere saber cuál será tu próximo movimiento. Las cosas empezaron a sucederse a una velocidad de vértigo. Había un montón de asuntos de los que ocuparse, incluyendo la contratación de un agente, los entrenamientos de preparación para el draft y la firma de un contrato con una marca de zapatillas. Y, cómo no, allí es donde Sonny volvería a entrar en escena. Después de años llevándome a sus eventos, dándome consejo y adulándome a cada paso, Sonny deseaba cobrarse su inversión. Yo siempre supe que aquel día llegaría, y lo temía.

A pesar de que las cosas entre Sonny y yo ya no fluían, él seguía luchando desesperadamente por arreglarlas. Y no es que las cosas le fueran mal, precisamente. Había fichado a Kobe en primavera de 1996 y el abrazo que intercambiaron en la ceremonia de junio del draft de la NBA (captado por las cámaras) significó el principio de una nueva era para Adidas en el mundo del baloncesto. Por si fuera poco, al año siguiente, Sonny se haría también con los servicios del preciado Tracy McGrady, quedándose con la pareja de promesas con mayor proyección de todo el baloncesto.

Sonny se había mudado hacía unos años del sur de California a un apartamento en Nueva York para estar más cerca de Kobe. Después de que Kobe fuera fichado, sellado y entregado a su nuevo destino, Sonny mantuvo una habitación para mí en su apartamento de Madison Avenue, cerca de Central Park. Su esposa, Pam, llenaba la despensa de dulces, en especial de pastel de queso, mi favorito. Tenía una llave del apartamento y podía dejarme caer siempre que me apeteciera una escapada. Pam me sacaba de compras e íbamos juntos al cine. Éramos casi como madre e hijo.

Finalizada la temporada, Sonny, como es natural, quería hablarme de las monumentales decisiones que tenía por delante. Y lo más importante: si iba a seguir los pasos de Kobe y de Tracy y firmar por Adidas.

Sonny se toma su alimentación muy en serio. Sus reuniones, decisiones y acuerdos orbitaban frecuentemente alrededor de comida, casi siempre italiana. Tanto Sonny como Pam eran grandes cocineros, así que un día, no mucho después del campeonato de la NCAA, Sonny organizó una cena en casa para hablar del futuro.

El despliegue era ambicioso. Había pasta boloñesa, linguine, pollo rebozado, berenjenas y una ensalada a base de lechuga romana, pepino y tomate sazonada con un chorro de vinagre balsámico. Aquel banquete no tenía nada que envidiarle a los mejores restaurantes italianos de Nueva York. Pam había empezado a cocinar tres horas antes de mi llegada.

Cuando Gary y yo nos presentamos, Pam nos recibió en la puerta. Su sonrisa era siempre súper cálida y parecía tener una verdadera debilidad por mí. Sonny me repetía a menudo lo mucho que me quería. El ambiente era cálido y amigable, aunque yo empecé a percibir una tensión subterránea que iba en aumento, hasta que se me hizo un nudo en el estómago.

Nos sentamos a cenar. La comida estaba deliciosa. Sonny estaba sentado a mi derecha y presidía la mesa. Gary estaba a mi izquierda y Pam delante de mí.

—Lamar, hemos vivido un montón de cosas juntos —comenzó a decir Sonny—. Te he visto crecer, madurar y aprender. He visto cómo te has hecho hombre. Lamar, quiero que firmes por Adidas y quiero ser tu representante.

—No —solté a bocajarro, sin siquiera considerarlo.

Fue como si el tiempo se detuviera. Era claramente una respuesta que no se esperaban. Miré a Pam. Estaba paralizada. Cualquiera hubiese pensado que yo llevaba garabateado el «666» en la frente, a juzgar por su mirada. Yo quería a Pam. Habíamos conectado sinceramente desde el principio, pero en aquel momento, en aquella cena, me atravesó con la mirada.

Creyeron que la cena sería un mera formalidad. A Sonny le bastaba con abrir la boca para que yo le obedeciera. O sea, yo solo era un niñato de barrio que iba detrás de la pasta y que no tenía la capacidad para tomar decisiones por mí mismo, ¿no?

No esta vez.

Fue por Las Vegas. Habían pasado casi dos años. Me dejaron tirado en el desierto, sin nadie a quien llamar, y el rencor me seguía fluyendo calentito por las venas. Llevaba proyectando aquellas imágenes una y otra vez en mi cabeza. Las imágenes del día en que recibí mi carta de despido y las de toda la puta semana siguiente. ¿Y ahora se suponía que una oferta de doce millones de dólares me haría olvidar que Sonny, quien fijo que estaba al corriente de mi despido antes que yo, nunca me llamó?

Aquella noche, en su comedor, defendí mis principios por primera vez en mi vida. Estaba orgulloso. Aguante el chaparrón. A mí ya no me vendería ni Dios, y mucho menos a estas alturas. *Mi decisión estaba más que tomada: nunca volvería a calzar unas Adidas.*

14

En abril de 1999, dos meses antes del draft de la NBA, firmé el contrato que me unía a Jeff Schwartz, mi nuevo agente. Fue una maniobra que enarcó cejas por doquier, básicamente porque a aquellas alturas de su carrera Jeff tenía muy poca experiencia con jugadores de la NBA. En aquella época, Schwartz trabajaba, sobre todo, en el mundo del tenis. La gente se quedó bastante a cuadros y se preguntaba por qué había obviado nombres más reconocidos y prestigiosos. La respuesta es que entre Jeff y yo hubo un entendimiento inmediato, y personalmente me pareció el más sincero, el que hablaba más claro. Jeff estaba empezando a abrirse camino en la NBA, que era exactamente lo que estaba haciendo yo. Creo que tomé la decisión adecuada, porque hasta el día de hoy sigue siendo el único agente que he tenido.

Jeff cerró un contrato con Nike para que calzara sus zapatillas, y aunque la cantidad era inferior a la que hubiese obtenido con Adidas, no me importó, puesto que era lo que quería. Enseguida nos pusimos a organizar entrenamientos y entrevistas con equipos de la NBA, y a analizar mi cotización en el draft. Yo estaba encantado de que las cosas avanzaran en la dirección adecuada, y todavía más de tener dinero legal en el bolsillo. Era dinero que no había aparecido debajo de ninguna mesa ni había desfilado por ningún conducto subterráneo. Era dinero que me había ganado.

Claro que disponer de dinero me abrió todo un mundo nuevo, y también me distrajo, especialmente ahora que se suponía que tenía que concentrarme en el draft. De repente, disponía de la mayor libertad que había conocido en mi vida. Y joder, me apetecía pasarlo bien.

Los Chicago Bulls tenían la primera elección del draft, y me querían a mí. Mi sueño de entrar en la NBA estaba tan cerca que casi parecía irreal. Fue una época de mucho estrés y de mucho entusiasmo, y fue también una época estimulante y embriagadora. De pronto, me convertí en el centro de atención y me salían amigos de debajo de las piedras. No tenía más que posibilidades abriéndose frente a mí.

El draft de la NBA de 1999 iba a celebrarse el último jueves de junio en el MCI Center de Washington D.C., la cancha donde jugaban entonces los Washington Wizards.

El fin de semana anterior al draft, después de haberme quitado de encima la mayoría de entrenamientos, me apetecía desahogarme un rato y me fui para el Greekfest, que se celebraba en Jones Beach, en Long Island. El Greekfest es una de las mayores concentraciones anuales para los jóvenes negros de la Costa Este, y aglutina a hermandades negras, sororidades, deportistas, famoseo y a lo que parecía la mitad de la población de Nueva York, para pegarse la fiesta y ligar por la playa.

Sin embargo, yo tenía que partir rumbo a Chicago a la mañana siguiente para ejercitarme frente a la cúpula directiva de los Bulls. Habían convenido mandarme un jet para que me recogiera en el aeropuerto de Teterboro, en Nueva Jersey, que es el aeropuerto de jets privados más exclusivo de los tres estados de la zona.

Greg me llamó el viernes por la noche para asegurarse de que estaba listo para exhibir mis virtudes ante los Bulls. Clávala en el entrenamiento y serás el rostro de la franquicia, me dijo. Podía arrancar una nueva era que continuaría con el legado que acababa de dejar Michael Jordan. Menudo sueño.

—¿Lo tienes todo listo? —me preguntó—. Te recogeré mañana a las nueve de la mañana para ir tirando hacia el aeropuerto.

Jerry Krause, director general de los Bulls y el primer entrenador, Tim Floyd, iban a volar también en el mismo jet que iba a recogerme y aprovecharían para entrevistarme durante el vuelo de dos horas y cuarenta y cinco minutos rumbo a Chicago. Luego, tan pronto como aterrizáramos, me tocaría ejercitarme en la pista de entrenamiento.

Más o menos media hora después de hablar con Greg, lo llamé y le dije que el entrenamiento se había suspendido. No sospechó nada. Pasa todo el tiempo. Además, éramos dos recién llegados a la NBA y no teníamos la menor experiencia.

—Ven y recógeme igualmente —le dije—. Nos vamos al Greekfest.

A la mañana siguiente nos fuimos al Greekfest y fue la bomba. Estuvimos bebiendo, fumando y conociendo a chicas cada cuatro pasos. Yo tenía como mínimo diez mil dólares en el bolsillo. Me sentía como una estrella porque todo el mundo me reconocía. En cinco días estaría en la NBA. Estaba exultante. *Esto es vida*, me repetía.

Cuando estábamos en plena fiesta, en algún momento cercano a las cuatro de la tarde, Greg descubrió que tenía una docena de llamadas perdidas. No hay que olvidar que estamos hablando de finales de los noventa, y en aquella época la gente no miraba el teléfono cada treinta segundos. Greg escuchó el primer mensaje. Era Gary. Colega, anda que no estaba puteado. Gritaba de tal forma que el acople impidió que entendiéramos la mitad de lo que decía.

—¿Dónde coño estáis, chavales? —exclamó Gary—. ¡Llevan esperándoos seis horas!

Se refería a Jerry Krause y Tim Floyd. Seguían esperando en el aeropuerto, sentados en el avión, llamando a todo Cristo para dar con nosotros.

La verdad es que mentí. La sesión de entrenamiento no había sido cancelada. No quería ir. No quería ser un Bull.

Cuando echo la vista atrás, creo que lo que me pasó fue que no quería saber nada de la presión ni de la responsabilidad, simple y llanamente. Aquello sí que hubiera significado ser el maldito centro de atención. Yo confiaba en mis capacidades, llevaba toda la vida destacando, pero lo que me gusta es estar en situaciones donde comparto el peso de la responsabilidad con el resto de mis compañeros. No quería que una franquicia entera dependiera de mí, ni convertirme en el depositario de todas sus esperanzas. Para ser sincero, ni lo sé, lo único que sabía es que no quería jugar para los Bulls, ni siquiera cuando hubiese significado pasar a la historia como el número uno del draft.

El número dos del draft estaba en manos de los Vancouver Grizzlies, y tampoco me apetecía jugar con ellos. No me hubiese querido mudarme allí ni aunque contaran con Michael Jordan y Scottie Pippen en sus filas. Le pedí a Greg que llamara al director general de los Grizzlies, Stu Jackson, el día después del Greekfest, para informarle de que no iríamos a Vancouver y pedirle que se abstuvieran de seleccionarme en el draft. Greg tenía diecinueve años y su experiencia a la hora de lidiar con agentes o con secretarias que no tenían ninguna intención de perder el tiempo con él era nula. Era un alero de segundo año en la universidad de Saint Francis, en Nueva York, y ya tenía suficiente con tener que hacer auténticos malabarismos para soportar el peso de un curso académico entero. No era Jerry Maguire.

Por su parte, Stu Jackson era el director general de una franquicia que se las veía y deseaba para encontrar a un referente en la cancha. Bastaba con verle el careto que se le quedó a Greg para saber que no quería hacer esa llamada. El problema es que yo tampoco quería hacerla. Así que Greg marcó el número.

—Disculpe señor Jackson, soy un amigo de Lamar Odom —comenzó Greg con una voz insegura y titubeante—. Lamar quiere que sepa que no desea que lo seleccione para el draft. Tiene muy claro que jamás será feliz en Vancouver. Verá, resulta que su punto débil es que es un poco inestable. Solo quería asegurarme de que no habrá ninguna confusión.

Se hizo el silencio. Entonces Jackson respondió.

—¿Se puede saber quién coño eres?

Greg me extendió el teléfono.

—Habla tú con él —me dijo Greg.

Colgué el teléfono, sin más. Vancouver fuera.

Los terceros en elegir eran los Charlotte Hornets. Buscaban un escolta, y la cosa estaba entre Steve Francis o Baron Davis, el que estuviera disponible.

Era la noche del draft y era el turno de los Clippers para elegir. Los teléfonos sonaban frenéticamente. Jeff Schwartz llevaba todo el día camelándose a distintos equipos por el auricular. El problema es que yo no quería ir a los Clippers. Cualquier equipo menos los Clippers. Venían siendo sistemáticamente la peor franquicia de la NBA. Eran el felpudo de la liga, y los últimos en todo, empezando por la respetabilidad. Claro que a mí se me terminaban las opciones, puesto que mi nombre no iba a durar mucho más en el panel.

Jeff atendió el teléfono por última vez antes de que el veredicto fuera anunciado. Era el director general de los Clippers, Elgin Baylor, diciéndole que me iban a elegir.

Me había convertido oficialmente en un salvador de franquicias.

Bienvenido a la NBA, Lamar.

Me había ocupado de todos los cabos sueltos que me quedaban en Nueva York. En Los Ángeles estaba todo organizado para mi llegada. Estaba a punto de emprender el viaje de mi vida, pero todavía me quedaba una cosa por hacer, o más bien una cosa que Liza quería que hiciera: ir a ver a mi madre.

Habían pasado siete años desde la muerte de mi madre, y no había ido nunca a visitar su tumba. La mera idea de ir al cementerio se me hacía insoportable.

—Me parece que no seré capaz —le dije.

—Tienes que ir —dijo Liza—. Para despedirte. Hazlo por ella. Y por ti.

Al final fuimos todos. Mi abuela, la tía JaNean, Liza y varios primos. Cuando llegamos la ansiedad y los nervios me recorrían el cuerpo entero. Todavía no había recibido ningún tratamiento psicológico o asesoramiento mental. Su muerte conducía directamente a los insondables problemas que tenía como adulto, y nunca me había sentido capaz de enfrentarme a ellos, a pesar de conocer su origen.

Sin embargo, en aquel cementerio, se me ofreció una salida. A la que me dejaron un momento a solas con ella, los ojos se me inundaron de lágrimas. Me empezaron a sudar las manos y se me hizo un nudo en el pecho. Que mi madre estuviera allí no parecía real. La tenía delante. Procuré no pensar en el dolor y recordar los buenos tiempos y las cosas que me enseñó. Pensé en lo orgullosa que estaría si abriera los ojos y viera adonde me dirigía.

¿Qué pensaría de mí? ¿Habría salido como esperaba? ¿Me habría convertido en el hombre que se imaginaba? Y... ¿qué me diría? ¿Y qué le diría yo a ella?

Deposité una camiseta con el número siete de los Clippers sobre su tumba. Me sequé las lágrimas de los ojos y me despedí de Cathy Celestine Odom.

Liza estaba encantada de que hubiese alcanzado mi sueño, aunque para ella aquel fue un momento agridulce. No estaba precisamente encantada de que me mudara a Los Ángeles; Nueva York siempre sería su hogar. Por no hablar de las abundantes y pavorosas historias que circulaban sobre mujeres despampanantes, tentaciones y fiestas ostentosas. Liza me conocía demasiado bien. La idea de que estuviera a tiro de piedra de tantas jovencitas dispuestas y motivadas le provocaba urticaria. De manera que nos convenía trazar un plan de futuro.

—Yo quiero que seamos una familia —le dije mientras nos sentábamos en el sofá del salón de su madre—. Quiero que estemos juntos. Sin ti, Los Ángeles no será Los Ángeles.

Saber que la quería en mi vida y que la quería bien cerca rebajó algunos de sus miedos. Así que me puse a planear el gran traslado a Los Ángeles inmediatamente. Nos esperaba un apartamento de tres habitaciones en un imponente edificio acristalado en Marina del Rey, un enclave muy popular entre varios jugadores del equipo. Estábamos en primera línea de mar, en un barrio moderno, y bastaba con pillar Washington Boulevard para plantarte en el Staples Center en veinte minutos.

Liza estaba emocionada con la aventura, pero acostumbrarse a su nueva vida no le resultaría tan fácil. Ninguno de los dos tenía carné de conducir, lo que limitaba seriamente la posibilidad de desplazarse. Mi amigo Alex Harris me llevaba en coche a los entrenamientos y a los partidos, pero cuando jugábamos fuera, Liza se quedaba atrapada en casa. Tenía diecinueve años, una hija y nada parecido a un círculo social. Contraté a un conductor que le permitiera salir de la casa. Aquello le dio más libertad, aunque no sería suficiente. Era imposible dejar de lado que no tenía amigos y que conocer a gente nueva le resultaba complicado, aunque se hizo amiga de la novia y futura esposa de Maurice Taylor, uno de mis compañeros. Se llamaba Tiffany y la ayudó a orientarse en su nueva vida. Pero aquello no era suficiente.

Le propuse fletar a su primo Kevin, con quien estaba súper unida, a Los Ángeles. Así, al menos, estaría acompañada durante mis largos desplazamientos. Aquello le hizo la vida un poco más fácil, y Liza empezó a instalarse en una rutina más llevadera.

Poco después de la llegada de Kevin, empecé mi primera pretemporada en la NBA y estaba tan entusiasmado como el que más por empezar a jugar. Como era habitual en mí, me había pasado el verano sin apenas tocar balón. Con todo el trasiego de mudarme a una ciudad nueva y de atar los cabos sueltos en la anterior, casi no tuve tiempo de pisar una cancha, aunque seguía estando en muy buena forma.

Llegué al primer entrenamiento y me quedé a cuadros con lo que me esperaba. Por aquel entonces los Clippers entrenaban en el Southwest College, un centro de estudios superiores que no quedaba muy lejos de South Central, donde las clases ya habían empezado. Los estudiantes se asomaban por las puertas de doble hoja del pabellón mientras trabajábamos las rotaciones defensivas o esprintábamos.

Cuando subía la temperatura del polideportivo, dejábamos la puerta abierta con ayuda de un ladrillo. No había seguridad. Cualquiera podía colarse, algo que sucedía a menudo. Por no haber ni siquiera había donde ducharse, y conducíamos de vuelta a casa con la ropa de entrenamiento sudada. Si alguien necesitaba hacer algo de trabajo muscular, un preparador físico improvisaba una camilla al final de la cancha.

Eran las peores instalaciones de la liga, y no cabía duda de que si los Clippers eran el hazmerreír de la competición, era, en gran medida, debido a la tacañería de su dueño, Donald Sterling. Las instalaciones

LAMAR ODOM

apenas hubiesen servido para acomodar a un equipo de estudiantes, y mucho menos a una franquicia de la NBA.

Yo me había imaginado que en la NBA todo sería de lujo, así que aquello se quedó muy lejos de mis expectativas. Maldita sea, ¡pero sí teníamos mejores instalaciones en Rhode Island! Aquello no inspiraba confianza precisamente, ni mucho menos ayudaba a generar una mentalidad ganadora, por mucho que los títulos quedaran a una distancia obscena, con comodidades o sin ellas. Es más, los Clippers no habían disputado un playoff desde 1993; y lo que es peor: no habían ganado una eliminatoria de playoff desde 1976.

Las previsiones señalaban que seríamos el farolillo rojo de la División Pacífico, lo cual no era ninguna sorpresa, habida cuenta de que nuestro equipo estaba formado por una ristra de veteranos trotamundos y de jugadores cuyos nombres ni siquiera les sonaban a los fans más incondicionales. Sin ser un mal equipo, no éramos más que un amasijo improvisado de jugadores.

Disputamos nuestro primer partido el 2 de noviembre de 1999, en el recién remodelado Staples Center, un pabellón de última generación. Recuerdo que todo estaba súper limpio, exactamente lo contrario a nuestro lugar de entrenamiento. Cuando entramos en el vestuario y vi mi camiseta colgando de la taquilla, me tuve que frotar los ojos. Aquí estaba, finalmente.

Tras enfundarme la camiseta, me dirigí a un espejo y me observé fijamente. Entonces fui consciente que todo el duro trabajo, todo el dolor y todo el sacrificio me habían conducido directamente hasta este momento exacto: yo, de pie, frente al espejo. Allí estaba. Mirándome. Sonreí orgulloso ante el único hecho impepinable.

«Estoy en la NBA», proclamé en voz alta.

El debut no pudo haber ido mejor. Fue como estar en Lincoln Park. Nadie podía pararme. Estuve intratable con la pelota, y nadie parecía encontrar la manera de detenerme. Se quedaron desconcertados con aquel cuatro zurdo de dos metros diez que conducía el balón como un escolta y se contoneaba a lo bestia. Jugamos el partido inaugural contra los Seattle Supersonics. Sus dos estrellas, Vin Baker y Horace Grant, no sabían qué hacer conmigo. Se habían pasado sus carreras deportivas defendiendo en el poste bajo y parecían asustados de tener que salir al perímetro para marcarme.

Me los merendé con 30 puntos, 12 rebotes, 3 asistencias, 2 tapones y 2 balones robados. Los Clippers quedaron como unos auténticos genios por haberme elegido. Fue solo un partido, pero lo terminé convertido en la superestrella salvadora de la franquicia que todo el mundo deseaba que fuera. Me dije: *Esto será pan comido. Voy a dejar esta liga convertida en migajas.*

A partir de entonces, empecé a coger ritmo: registré dobles dígitos en mis primeros diecinueve partidos, y en noviembre me alcé con el galardón al *rookie* del Mes. Al final de cada partido, la estrella del equipo rival me interceptaba para elogiarme. Sin embargo, no podía decirse lo mismo de los Clippers. Empezamos la temporada con un balance de 4-11, contando una demoledora racha de nueve derrotas consecutivas en diciembre. Las cosas no iban a mejorar, y después de ponernos 11-34, Chris Ford, nuestro entrenador, fue despedido. Éramos los penúltimos en puntos anotados y en puntos recibidos. No era una fórmula ganadora, precisamente. Los Clippers eran también penúltimos en asistencia de público. Algunas noches, con el partido ya en juego, se escuchaba a la gente hablar en el vestíbulo del pabellón. Terminamos la temporada cosechando el peor récord de la liga: 15 victorias y 67 derrotas.

Pese a todo, estaba encantado con mi temporada de *rookie*. Fui seleccionado para jugar en el primer equipo del partido de los mejores novatos, el All-Rookie, y registré unas medias de 16,6 puntos, 7,8 rebotes, 4,2 asistencias, 1,3 tapones y 1,2 robos, cumpliendo a lo grande con lo que se esperaba de mí. Me sentía como si todo fuera posible. Si no ganaba algún día el MVP, sería culpa mía y de nadie más.

Empecé a pensar a lo grande.

15

PARA MI SEGUNDA TEMPORADA con los Clippers, alquilé una casa en Strand, un exclusivo barrio que quedaba entre los canales que surcan Marina del Rey. Liza se hartó de la vida en Los Ángeles y regresó a Nueva York. Quería terminar la carrera y estar cerca de su familia, que iba a ayudarla con Destiny. Yo le había dicho en su día, cuando éramos dos niños, que algún día me casaría con ella, pero al final nunca nos casamos. Lo dejábamos y luego volvíamos, y nuestra inestable relación se resintió por varios motivos, entre ellos, mis infidelidades; aunque en general, e incluso cuando no estábamos juntos, seguimos unidos e hicimos de padre y madre como un equipo.

Con Liza de vuelta a Nueva York, yo instalé a dos colegas del barrio en casa: Alex Harris, que había jugado al fútbol americano en Bowie State, y Kamal McQueen, excompañero de equipo en Christ the King, al que todos llamábamos Mally.

Con la temporada 2000-01 a la vuelta de la esquina, yo ya estaba más asentado y las cosas estaban a punto de pillar velocidad. Jerry DeGiorgio había completado su primera temporada como entrenador de Rhode Island, cuando Jeff Schwartz llamó a los Clippers para que le buscaran un trabajo. Jerry fue contratado en un abrir y cerrar de ojos como entrenador asistente y se trasladó a Los Ángeles. A todo el mundo le pareció buena idea que Jerry estuviera cerca para poder cuidarme. A Greg todavía le quedaba un año académico por delante, y no podría trasladarse a Los Ángeles hasta la siguiente temporada.

Mi nueva casa se convirtió en un parque de atracciones para mí y mis amigos. Aquello se transformó en un festival de mujeres entrando y saliendo a todas horas. Con Liza en Nueva York me resultaba mucho más fácil conocer a otras mujeres, y no quería hacer otra cosa. Montones de ellas. Y a pesar de que fui sometido a controles antidopaje por primera vez en mi vida, eso no fue obstáculo para que me pasara la mayor parte de la temporada fumando marihuana.

Estaba encantadísimo con mi nueva vida. Jamás me hubiese imaginado que llegaría a estar en la posición en la que estaba. Cada mañana salía del portal de mi bloque de apartamentos asombrado de vivir en un barrio tan pijo habiendo salido de un lugar como Queens.

Los Clippers de la temporada 2000-01 estaban en pleno proceso de reconstrucción. En el draft de la NBA, celebrado en junio, elegimos a tres jóvenes jugadores que iban a cambiar nuestra forma de jugar, nuestro aspecto, nuestro estilo y hasta los resultados. De entre ellos, el más popular era Darius Miles, un alero de diecinueve añitos de dos metros cinco que dio el salto directo a la NBA desde el instituto East St. Louis. Darius era rápido, atlético e intrépido, y le encantaba machacar el aro a la mínima que podía. Su mejor amigo, el escolta de metro noventa y cinco Quentin Richardson, era una auténtica locomotora que antes incluso de haber jugado un solo partido en la NBA ya atesoraba una de las mejores combinaciones de fuerza y precisión tiradora de toda la liga. El tercero en discordia era Keyon Dooling, un base igualmente atlético que demostró ser muy maduro para su edad y que apuntaba sobradas maneras para convertirse en el base titular de la franquicia en el futuro.

Al igual que yo, todos teníamos más o menos veinte años y nos convertiríamos, de la noche a la mañana, en el equipo más excitante de la NBA. Éramos desenfadados y extremadamente prometedores. Éramos tan jóvenes, de hecho, que la gente empezó a bromear con que éramos el mejor equipo de la AAU de la historia. Contraatacábamos a la menor oportunidad, siempre a una velocidad endiablada, lo que se tradujo en abundancia de balones robados y en transiciones ofensivas para enmarcar. Jugar al lado de aquellos jóvenes jugones me hizo mejorar muchísimo. Me permitieron dirigir el juego y proponer jugadas de ataque, algo que hubiese sido imposible en la campaña anterior. La inyección de sangre nueva, la facilidad con que nos integramos y el buen rollo que emanábamos me hizo súper feliz. Éramos el grupo de chavales más molón de la NBA... Y lo sabíamos.

Mis números mejoraron, con unas medias de 17,2 puntos, 7,9 rebotes, 5,4 asistencias y un 46% en tiros de campo. Por desgracia, mis números no fueron lo único que aumentó. Empecé a fumar marihuana más asiduamente. Tenía hierba por todas partes: en los bolsillos, en el coche, en casa. Creía que sería capaz de prever los controles antidopaje, pero, obviamente, no fue así.

En primavera de 2001 di positivo en un control antidopaje y me cayó una suspensión de cinco partidos en marzo. Sentía que había decepcionado a los míos. Por primera vez en mi vida, mi consumo de marihuana repercutía negativamente en alguien que no era yo. Y creedme cuando os digo que aquello no me hizo sentir nada bien. A pesar de que nuestro entrenador, Alvin Gentry, se sintió defraudado, tanto él como el equipo me apoyaron a saco.

En mi comparecencia frente a los medios, dije:

Definitivamente, esto no volverá a suceder. La afición ha estado increíble desde que llegué aquí, y espero que lo siga estando. Ojalá que nadie me juzgue por mis errores. He cometido un par de ellos y puede que cometa algún par más, solo espero que no sean tan grandes como este.

La gente me creyó, pero mis palabras sonaban huecas. Empleé el término «mis errores», pero no se trataba de ningún error. Era un hábito. Un estilo de vida. De hecho, lo raro fue que no me pillaran antes, pero sabía que no iba a dejar de hacerlo. Simplemente supuse que me bastaría con ser más precavido o, en última instancia, esperar hasta verano, cuando ya no habría controles sorpresa. Durante la suspensión, participé en un programa de seguimiento, pero no me lo tomé demasiado en serio. Al final, terminé dejándolo.

Nuestro récord mejoró aquel año hasta situarse en 31-51 —16 victorias más que en mi temporada de *rookie*—, y a pesar de que no alcanzamos los playoffs, estábamos en el buen camino.

Antes de la temporada 2001-02, mi tercera con los Clippers, las expectativas estaban por las nubes. Aquel año fichamos a Elton Brand, mi excompañero en Riverside en la AAU, y las predicciones proyectaban alrededor de 40 victorias y muchas posibilidades de entrar en playoff por primera vez en diez años. El número de abonos para la temporada subió como la espuma y alcanzó una cifra récord: 12.000. En el partido inaugural se agotaron las localidades y hubo récord de asistencia: 19.445 espectadores. Estábamos empezando a dar más que hablar que los mismísimos Lakers, los otros inquilinos del pabellón.

Sin embargo, cuando llevábamos tres partidos, todo se fue al garete. Volví a dar positivo en un control antidopaje por segunda vez en ocho meses y fui sancionado con otros cinco partidos. Esta vez, la franquicia no cerró filas entorno a mí como había sucedido en marzo. Esta vez la reacción fue de enfado, indignación y hartazgo. Su fe en mí empezaba a menguar, y por vez primera se cernía un interrogante sobre mi futuro en el equipo.

«Estoy muy decepcionado —señaló Elgin Baylor, responsable general de los Clippers en una declaración escrita—. Lamar no solo ha fallado a sus compañeros, sino a toda la institución.»

«Es grotesco que haya vuelto a pasar —añadió Gentry, el entrenador—. Estamos muy decepcionados. No creo que enfadado sea la palabra adecuada. Me siento defraudado.»

Yo me quedé tirado. Quiero decir que estaba dolido y avergonzado por mi falta de profesionalismo. El día después de mi vigésimo segundo cumpleaños, celebré una rueda de prensa cubierto en lágrimas. Estaba más decepcionado conmigo mismo de lo que pudiera estarlo el míster.

«Esta vez podéis confiar en mí», dije ante el cuerpo técnico y mis compañeros. No sería la última vez que recurriría a esa frase. Esta vez tampoco me tomé muy en serio el programa de seguimiento. Se me exigía que lo cumpliera a rajatabla, y casi no fui ni una vez. Nadie me interpeló al respecto, de manera que no me preocupé.

Además de la suspensión de cinco partidos, por culpa de un pie amoratado y mis recurrentes molestias en el hombro, solo jugué veintiséis partidos, en los que tuve un promedio de 13,1 puntos —la cifra más baja de mi carrera— y un ineficaz porcentaje del 41% en tiros de campo.

La única alegría de aquel periodo de mi vida fue el nacimiento de mi segundo hijo con Liza, el 1 de enero de 2002. Le llamamos Lamar Jr.

16

En la primavera del 2002, Greg había completado su último año en St. Francis y estaba ansioso por juntarse conmigo en Los Ángeles. Sería el último estertor de una temporada para el olvido con los Clippers, la tercera, donde jugué menos de treinta partidos. A pesar de que mi agente, Jeff Schwartz, y de que mi viejo maestro Jerry De-Gregorio vivían en Los Ángeles, casi todo el mundo se convenció de que, en última instancia, las cosas irían mejor si Greg se trasladaba conmigo y recuperaba su antiguo rol, esto es, velar por mis intereses.

Antes de llegar siquiera a hablar con él, Greg volaba ya de camino a Los Ángeles. El billete se lo había pagado Dan Fegan, nada menos, que estaba utilizando a Greg en un intento desesperado por ganárse-me. Greg venía dispuesto a ayudar, aunque no podía contarle a nadie lo que se llevaba entre manos. Toda aquella confabulación era cosa de Gary y Dan.

Gary seguía siendo un esbirro de Fegan y creía que todo se arreglaría si me ponía a su disposición. Las secuelas de lo sucedido en el draft seguían levantando ampollas, y Greg quería hacer todo lo que estuviera en su mano para rebajar unas tensiones que venían de lejos, claro que a Jeff no le iba a hacer ninguna gracia nada de todo eso. Por mi parte, y como era habitual, quería hacer lo posible por evitar el conflicto.

Era el último partido de la temporada y Greg acababa de aterrizar en Los Ángeles. Ni siquiera habíamos tenido ocasión de habar y Greg se dirigió directamente al Staples Center, pero yo no estaba allí. Greg reconoció a Jerry DeGregorio abandonando la pista tras el partido.

—¡JD! —exclamó Greg.

—Vaya, ¿qué haces tú por aquí? —respondió Jerry estupefacto, como si estuviera viendo al mismísimo Ángel de la Muerte.

El caso es que Greg no podía contarle a Jerry lo que estaba haciendo en Los Ángeles, de ninguna manera.

—He venido a ver a Lamar —respondió Greg.

—Pues no está. Vamos, te llevo a su casa.

Así que se subieron al coche de Jerry y condujeron hasta mi casa.

Greg franqueó la puerta principal y yo también me quedé estupefacto al verle. Al día siguiente nos fuimos a almorzar a Jerry's Deli, en Westwood. Yo me pedí un par de emparedados de lechuga, tomate y beicon, un plato de palitos de pollo y un batido de fresa gigante, y Greg me puso al corriente del motivo de su visita.

—Dan y Gary están por aquí —me dijo—. Quieren hablar. No sé si estás con ganas de putearles, pero lo mínimo que podrías hacer sería sentarte con ellos.

Condujimos hasta el hotel de Greg para que recogiera sus cosas y se mudara a mi casa. Mientras lo hacíamos, llamó a Fegan, que respondió al segundo.

—Lamar está listo para hablar —señaló Greg—. ¿Dónde quedamos?

—Estoy en una barbacoa familiar —respondió Fegan—. Te llamo mañana.

Nos quedamos a cuadros. ¿No quería quedar? Ahora sí que estaba listo. Fegan había mandado a Greg a Los Ángeles, se le había ocurrido un súper plan y, de pronto, no tenía la menor prisa.

—Que le follen. Conmigo no queda —dije yo.

No me entraba en la cabeza que pudiera malgastar nuestro tiempo de aquella manera. Nunca volví a dirigirle la palabra. Greg se quedó en Los Ángeles y estuvimos de fiesta hasta junio. Entonces hicimos las maletas y volamos de regreso a Nueva York, y yo me pasé el resto del verano durmiendo en el sofá de piel sintética del apartamento de dos habitaciones de Greg, un cuarto piso sin ascensor en la barriada de Brownsville, en Brooklyn. Era un barrio heavy, pero molaba estar de nuevo en casa. La única alteración que hice en al apartamento fue comprar un nuevo aparato de aire acondicionado que instalé sobre el alféizar de la ventana.

Con todo el rollo de vivir en un casoplón en un barrio ultra pijo plagado de famosos que estaba a cuatro pasos del océano Pacífico, casi me había olvidado de lo que era ser un neoyorquino de pura cepa. De repente, habíamos vuelto a nuestras raíces. Cuando no iba a ver a Liza y los niños, me quedaba sentado en la escalinata que quedaba frente al edificio de Greg y ligaba con las chicas que pasaban por allí. Los vecinos me invitaban a comer, y yo les deslizaba un par de los grandes para que hicieran la compra. Conocí a todos los vecinos de la manzana, desde tías buenas en bicicleta a viejos que iban repartiendo sabiduría, pasando por vendedores ambulantes que vendían perritos calientes bañados en cebolla, carne asada y sorbetes.

Tenía pasta en el bolsillo y estaba rodeado de gente encantada de estar a mi lado. Me paseaba por el barrio como Pedro por su casa. Así vivíamos... era un regalo.

A finales del verano de 2002, cuando los achicharrantes aunque relajados días en Brooklyn empezaban a suavizarse, comenzamos a organizar los preparativos para regresar a Los Ángeles, donde me esperaba mi cuarta temporada con los Clippers. Greg aceptó trasladarse a Los Ángeles y convertirse en mi mánager.

Sería su primera temporada consagrada a mi carrera como profesional a tiempo completo, además de nuestra primera temporada bajo el mismo techo desde que coincidimos en Redención, hacía ya seis años.

Si bien a Greg le gustaba pasarlo en grande y disfrutaba como un enano codeándose con la jet-set, se tomaba nuestras respectivas carreras más en serio que ningún otro de mis colegas. A fin de cuentas, Greg se había convertido oficialmente en parte de mi equipo y soñaba con representar a su propia cartera de deportistas, o con convertirse en agente. A la que estuvimos bajo el mismo techo, se puso a limpiar la casa a fondo y a ayudarme a reestructurar completamente mi estilo de vida, lo cual significaba deshacerme de algunas de las compañías que había frecuentado desde mi temporada de *rookie*.

Greg conocía a Kamal McQueen del circuito baloncestístico, pero no tenía ni idea de quiénes eran Al Harris ni el resto de mis amigos. Decidió trasladarlos a unos apartamentos de Sherman Oaks, a cuarenta y cinco minutos de mi casa. No les hizo mucha gracia, aunque obtuvieron a cambio apartamentos gratis donde disponían de su propio espacio, de manera que no tenían motivos para quejarse. Greg impuso además una serie de normas. Quedaba terminantemente prohibido fumar en ninguno de mis automóviles. De hecho, Greg prohibió que circularan drogas de ningún tipo cerca de nada que estuviera a mi nombre. Después de haber vulnerado en dos ocasiones la normativa de la NBA en materia de drogas, Greg tenía claro que algunas cosas tenían que cambiar. Yo me había montado un entorno demasiado indulgente. Mi casa era el centro de todas las fiestas, y la marihuana parecía humear a todas horas de todos los rincones.

Sin embargo, esta temporada tenía que ser diferente: era el año en que terminaba mi contrato de *rookie*. En verano me convertiría en agente libre restringido, de manera que estaría en disposición de firmar mi primer contrato de verdad. Había decenas de millones de dólares en juego. Una tercera suspensión por dopaje lo echaría todo a perder, daría con mis huesos expulsados de la liga y me condenaría a mudarme a Queens indefinidamente.

Greg y yo nos mudamos de la vieja casa en el paseo marítimo a otra nueva: tenía cuatro habitaciones y seguía estando en Marina, a unos diez minutos de la anterior. Mi nuevo equipo estaba integrado por Greg, Gus «Gusto» Kennedy, responsable en su día de los Long Island Panthers, y yo. Nuestra flamante residencia quedaba en Westwind Street, junto a la laguna costera de Ballona, en uno de los barrios más pintorescos de Los Ángeles. Harrison Ford vivía dos portales más abajo, y justo al otro lado de la calle se levantaba la mansión de dos plantas a la que Jean-Claude Van Damme llamaba su hogar. Cada mañana salía a su balcón en calzoncillos, flexionaba su pecho descubierto y se ponía a hacer yoga.

Para cuando la temporada se puso en marcha, yo estaba centrado y con las pilas cargadas. Me centré. No iba a fumar e iba a comer sano. Básicamente, iba a hacer todo lo que mis entrenadores me pidieran. Pero, por encima de todo, iba a jugar el mejor baloncesto de mi carrera. Nadie se jugaba tanto como yo. Si me volvía a despeñar por mis viejos hábitos y ponía en peligro mi carrera, toda la culpa sería mía y de nadie más.

Greg también se convirtió en mi chófer a tiempo completo, y ahora que era mi principal lugarteniente, acudió a todos los partidos —en casa y fuera— de aquella temporada. Se alojó en los mismos hoteles que el equipo y organizó las reservas de decenas de vuelos para llegar a todos los destinos y estar a mi lado antes y después de cada partido.

—Tengo que vigilarte las veinticuatro horas para que no la cagues —me decía.

Es más, aquel año también me llevó y me recogió de todos los entrenamientos.

A pesar del prometedor equipo que teníamos, y por muy centrado que estuviera, las cosas iban de mal en peor. Después del paréntesis tras la celebración del All-Star, Gentry, nuestro entrenador, estaba en la cuerda floja. Se le había borrado la ilusión de la mirada. Estaba resignado, como si supiera que no íbamos a ejecutar correctamente las jugadas que nos dibujaba en la pizarra. Parecía cada vez más claro que volveríamos a quedarnos a las puertas de los playoff, y los jugadores le hicieron el vacío. El vicepresidente de los Clippers, Elgin Baylor, había perdido la fe en él, y prácticamente ni se hablaban. Estábamos en caída libre y los jugadores empezaron a planear sus vacaciones. Habíamos perdido veinte partidos después de llegar con ventaja al último cuarto, una estadística en la que éramos líderes de la liga. No conseguíamos frenar a nadie. Nos abucheaban en casa. Era como si el equipo, a pesar de su núcleo joven, estuviera a punto de desintegrarse.

El 3 de marzo de 2003 la cúpula directiva lo anunció: Gentry había sido destituido. Éramos el farolillo rojo de la División Pacífico, con un balance de 19-39, y una racha de 6 derrotas consecutivas. En sus tres años al frente de los Clippers, Gentry sumaba 89 victorias y 133 derrotas. Le había llegado la hora.

«Nunca es fácil tomar una decisión así, y esta ha resultado especialmente dura, puesto que Alvin y yo teníamos una excelente relación profesional», declaró Baylor al *New York Times*.

Durante uno de los últimos desplazamientos de la temporada, me topé con un viejo conocido. Al terminar el partido, en el pasillo que quedaba a la salida del vestuario visitante del United Center de Chicago, me esperaba Sonny Vaccaro. Me quedé de una pieza al verle: hacía años que no nos veíamos. Tenía una expresión en el rostro que no le había visto nunca antes. No rebosaba alegría ni entusiasmo, precisamente, ni me recibió con uno de sus afectuosos holas con voz de cazalla. Tenía la mirada triste y se le veía apocado. Intercambiamos cuatro cálidos cumplidos, aunque resultaron insuficientes para deshacer el hielo que se interponía entre los dos.

No odio a Sonny. Ni siquiera me cae mal. Le respeto. Y todavía le quiero a muchos niveles. Lo cierto es que habíamos pasado por tantas cosas juntos... Sin embargo, nunca olvidaré lo que pasó aquel verano en Las Vegas.

A los pocos segundos, los ojos se le pusieron vidriosos. Las lágrimas empezaron a rodarle por las mejillas. Intentó decir algo, pero no le salían las palabras. Entonces me sujetó el rostro y me dio un beso en la mejilla. Era un saludo italiano a la vieja usanza. Me pilló desprevenido, pero lo encajé sin rechistar. Yo era un chaval negro de barrio, y besar a otro hombre... vaya, no va con mi cultura, aunque comprendí que era su manera de decirme que me quería después de tantos años.

Le abracé y nos despedimos sin cruzar palabra.

La temporada estaba perdida, y yo batallé contra algunas lesiones persistentes. Tan solo jugué 49 partidos, de manera que sumaba la pírrica cifra de 78 partidos en dos temporadas.

Acabé la temporada con unos promedios de 14,6 puntos, 6,7 rebotes, 3,6 asistencias y un 43% en tiros de campo. Y lo que es más importante: no di positivo en ningún control. Terminé con buenas sensaciones: había jugado lo suficientemente bien para asegurarme un buen contrato al terminar la temporada y me moría de ganas de sentarme a la mesa de negociaciones para firmar un acuerdo que me resolviera la vida.

Y vaya si me esperaba una sorpresa de las buenas.

17

Mis negociaciones como agente libre estaban a la vuelta de la esquina, y me sentía tan nervioso como excitado. Estaba listo para cobrar el sueldazo de mi vida, la auténtica pasta gansa de la NBA. Las temporadas turbulentas eran cosa del pasado, y había demostrado mi valía como uno de los jugadores jóvenes más versátiles de la liga.

En junio, después de mi cuarta temporada con los Clippers, Greg, Al Harris y yo salimos por Hollywood en busca de un poco de diversión. Nada del otro jueves, solo para desahogarnos un poco. Cuando conducíamos de regreso a casa, a poco más de un kilómetro, me sonó el teléfono. Era un número de Nueva York. Ya era tarde en la Costa Este, pero no me preocupé, pues estaba acostumbrado a que la peña me llamara a todas horas. Esta vez, sin embargo, estaba la tía NaJean al otro lado. Habló sin pelos en la lengua, en su línea.

—Lamar —me dijo—. Tu abuela ha muerto. Tienes que venir a casa.

Fue un shock, a pesar de que la abuela Mildred fuera ya octogenaria. No lo encajé como una patada en el estómago... fue más bien como una niebla desplegándose lentamente a mi alrededor.

—¿Qué ha pasado? —me preguntó Greg.

—Se ha muerto mi abuela —dije con la voz quebrada.

Greg y Al se quedaron callados. Greg apagó la radio. Nos quedamos allí sentados, frente a un semáforo en rojo, al lado de mi casa, como si el mundo se hubiese detenido. Minutos después, tras aparcar en el garaje de casa, me quedé dentro del coche. Los chicos entraron en casa. Me quedé allí sentado, solo, durante más de una hora. No lloré. Lo haría a lo largo de los próximos días y semanas. Me quedé pensando en su vida, en todo lo que me había dado.

Habían pasado un montón de años desde que dejara su pueblo de aparceros en Georgia y se mudara a Nueva York en busca de una vida mejor. Estoy convencido de que la encontró. Se compró una casa en la calle 131. Conoció y se casó con el único hombre al que quiso jamás. Tuvo tres hijas, entre ellas mi madre. Yo le debía mi personalidad. Mi abuela me enseñó en qué consistía hacerse hombre y cómo amar al prójimo más que a uno mismo.

Me quedé sentado en el coche. No me pregunté por qué. No contradije a Dios.

Lucía el número siete porque era su número de la suerte.

Mildred Mercer tenía ochenta años.

El 12 de julio de 2003 los Clippers celebraron una rueda de prensa para anunciar el fichaje del veterano Mike Dunleavy como primer entrenador. Había pasado por los Lakers, los Blazers y los Bucks. Paralelamente, yo aterricé en Miami para jugar en el Zo's Summer Groove, un partido benéfico organizado por Alonzo Mourning.

Una semana después, a nuestro regreso a Los Ángeles, Greg y yo nos reunimos con Dunleavy en el Ritz-Carlton de Marina del Rey. Dunleavy iba a hacer su primera oferta. Mi agente, Jeff Schwartz, estaba todavía de camino a Los Ángeles, así que acudimos Greg y yo solos.

—No te sorprendas si te ofrece algo que no te esperabas —me advirtió Jeff—. Abrirán con una cifra baja. Limítate a escuchar lo que tienen que decir.

Dunleavy fue rápidamente al grano. Además de primer entrenador, le habían sido concedido poderes para tomar decisiones en calidad de director deportivo. Tenía la batuta para construir un equipo ganador. Enseguida tuve claro que estaba encantado con sus poderes. Emanaba una arrogancia que me pilló desprevenido.

—Estamos dispuestos a ofrecerte tres años de contrato a cambio de veinticuatro millones de dólares —me dijo Dunleavy—. Es todo lo que puedo hacer.

Aquella no era ni siquiera una tercera parte de mi valor de mercado, y se quedaba a tres mil pueblos de ser la mejor oferta que podían presentar. Los Nuggets acababan de ofrecerle a nuestro alero Corey Maggette cuarenta y dos millones, después de haber promediado unos números muy similares a los míos, y los Clippers habían igualado la oferta sin pestañear.

Aunque lo más importante era que retener a Elton Brand, nuestro máximo anotador y reboteador, se había convertido en la prioridad del equipo. Los Miami Heat buscaban una piedra angular en la pintura, alguien que pudiera jugar de 4 y de 5, así que le ofrecieron un contrato de seis años por ochenta y cuatro millones de dólares. Si los Clippers no igualaban la oferta, todo apuntaba a que mi permanencia en Los Ángeles quedaría allanada. Claro que para que eso sucediera hacía falta elevar aquellas cifras, y Dunleavy no parecía estar por la labor.

Greg y yo nos quedamos mirando estupefactos. ¿De qué coño iba todo esto? Había quedado claro desde las primeras de cambio que Dunleavy no me consideraba una prioridad. Tan pronto como escuché su oferta me incorporé.

—Gracias por nada —le dije.

No tenía la menor duda de que iba a rechazar su oferta. Fue la última vez que hablé con Dunleavy.

Los Clippers igualaron la oferta por Brand. Elton estaba en Miami, en la playa, sentado en la arena, con los pies en el agua, cuando le sonó el móvil.

Y precisamente entonces, un golpe de suerte me sonrió. Fue gracias a otro agente, Bill Duffy. Sucedió que el base de los Heat, Anthony Carter, que llevaba cinco años en la liga, pretendía activar la opción que tenía en su contrato y quedarse un último año en Miami a cambio de 4,1 millones; sin embargo, Duffy se colgó y mandó la documentación necesaria pocos minutos después de la medianoche del último día de plazo, lo que convirtió a Carter en agente libre. Los

Heat estaban que tiraban cohetes y optaron inmediatamente por no renovarle.

Invirtieron el dinero que se habían ahorrado con Carter en hacerme una oferta de sesenta y tres millones de dólares por cinco años. Los Clippers disponían entonces de quince días para igualar la oferta. No lo hicieron... En gran medida porque el acuerdo al que llegaron Jeff Schwartz y Pat Riley, el entrenador de los Heat, incluía una prima de quince millones de dólares por estampar mi firma en el contrato, una cifra que Riley me extendió solo poner un pie en su despacho.

Había conseguido lo que quería. Al salir de mi reunión con Dunleavy tenía clarísimo que iba a dejar los Clippers, que me tocaría hacer borrón y cuenta nueva. Lo mejor del caso es que mi sueño siempre había sido jugar para Pat Riley, mi entrenador favorito. A Pat le gustaba decir que yo iba a convertirme en el próximo Magic Johnson y estaba exultante con la idea de formar un binomio conmigo y con su flamante *rookie*, un chaval llamado Dwyane Wade que lo tenía todo para convertirse en una superestrella.

Mi felicidad no impidió que los Clippers tuvieran una última cosa que decir cuando se confirmó que no renovaba.

«En última instancia, nuestra decisión ha sido motivada por cuestiones de personalidad y por la existencia de otros riesgos potenciales», declaró Elgin Baylor en una nota de prensa emitida por la franquicia. Aquello confirmaba lo que ya intuía: que estaba haciendo lo correcto al largarme de los Clippers.

Unos días después, Greg, Jeff y yo volamos a Miami para la firma oficial del contrato y la posterior rueda de prensa. En la noche de nuestra llegada, terminamos saliendo de fiesta a un club de South Beach, y hasta se vino Jeff, y eso que, normalmente, salir no era lo suyo.

La rueda de prensa se programó a las tres de la tarde del día siguiente, así que le pedí a Greg que llamara a mi asesor financiero para que nos pusiera un jet privado después de la comparecencia, a las seis de la tarde, y volar a Los Ángeles para celebrarlo. Yo me embolsaría mi pasta, diría cuatro palabras y quedaría bien con todo el mundo.

Nos personamos en la oficina de Riley hacia el mediodía. Era un espacio pulcro y plagado de objetos que exhibían su sofisticación y su gusto por la cultura y el arte. Hasta tenía libros sobre cultura africana. Antes de que no sentáramos, se giró hacia mí:

—¿Es este todo tu equipo? —me preguntó, y se quedó mirando a Greg, Jeff y a mi preparador físico, Robbie Davis—. Necesito saber quién es quién.

—No hay nadie más —respondí yo.

Riley se detuvo como si me estuviera tanteando. La expresión de su cara decía: «Más te vale estar diciendo la verdad». Y en aquel momento supe que ya no estaba en tierra de los Clippers.

—¿Te apetece un refresco?

—No, gracias —respondí.

—*¿Te apetece un refresco?* —repitió, solo que con mayor firmeza y casi sin parpadear.

—De acuerdo, acepto una Pepsi —respondí rápidamente.

Me estaba poniendo a prueba. Quería calibrar cómo reaccionaba. Observar si mis convicciones eran sólidas, si era capaz de tomar una decisión rápida y sencilla. O quién sabe, a lo mejor solo pensaba que debía estar sediento. *¿Se refería al refresco?*, me pregunté horas después. Yo también intentaba calibrarle.

A partir de aquel momento, se puso a diseccionar la cultura de los Miami Heat y me contó lo que esperaba de cada jugador que llevara puesta su camiseta. Aquel fue el principio de mi adoctrinamiento en la galaxia de Pat Riley.

Quería que me quitara la ropa de calle y me pusiera los nuevos uniformes de entrenamiento para la rueda de prensa. Cuando salí a la cancha de entrenamiento, me sorprendió encontrarme con tres de mis compañeros, Caron Butler, Eddie Jones y Brian Grant, vestidos con el uniforme y haciendo lanzamientos a canasta. Para promover una cultura de unidad, Riley quería que en la presentación hubiera el máximo número de jugadores posible. Se sentó y abrió la rueda de prensa con algunas consideraciones generales:

Ha sido un verano largo, pero ha sido un buen verano. Hemos tenido la gran suerte de seleccionar a Dwyane Wade en el draft. En julio estuve con el señor Arison [el propietario de los Heat] en el Mediterráneo, y luego me fui a Hawái con mi esposa y familia. He ido a ver a Bruce Springsteen siete veces en directo. Así que, en resumen, este ha sido mi verano, un gran verano, y hoy es el mejor día de todos.

Así que, sin más preámbulos, me gustaría presentaros a un jugador por el que tengo un gran respeto desde un punto de visto baloncestístico. Es un jugador virtuoso que se ha sobrepuesto a obstáculos que todos conocemos, y que ha dejado atrás, y uno de los motivos por los que no hemos hablado demasiado de tales episodios es porque estamos convencidos de que han quedado atrás. Yo llevo cerca de treinta y siete años en el mundo del baloncesto y en todo este tiempo tan solo he entrenado a un jugador provisto de una versatilidad suficiente como para jugar en cuatro posiciones distintas. Ese jugador fue Magic Johnson... Así que me gustaría presentarles a la última incorporación de Miami Heat ahora que vamos avanzando en el nuevo milenio: Lamar Odom.

Después de la rueda de prensa regresamos al vestuario para cambiarnos. Yo estaba encantado de haberme quitado de encima todas las formalidades y de poder regresar unos días a Los Ángeles.

—Te veo mañana a las siete de la mañana —vociferó Riley mientras nos íbamos.

—Es que resulta que tengo un vuelo en una hora. Volveré en unas semanas.

—Me parece que no me has entendido —replicó—. Mañana entrenamos.

Me quedé achantado. Me acababa de dar quince millones de dólares. Tendría que adaptarme rápidamente a lo que se me venía encima, y eso incluía entrenamientos a primera hora de la mañana hasta que Riley me concediera permiso para salir de Miami. Era mi nuevo jefe.

Riley me instruyó en disciplina. A pesar de todas mis virtudes, era un cero a la izquierda en cuestiones de trabajo duro y disciplina. A Pat le encantaba cómo jugaba, pero detestaba la manera en que pretendía convertirme en mejor jugador de baloncesto. No fue algo fácil de digerir. Yo quería ser un grande, pero todavía no estaba preparado para metabolizar las enseñanzas de Riley. Llegué a Miami siendo un caniche y me iría hecho un pit-bull. Todo empezó en el preciso instante en que me preguntó si quería un refresco.

Me instalé indefinidamente en uno de nuestros hoteles favoritos, me compré algo de ropa nueva y, entre un entrenamiento y otro, a cada cual más agotador, me familiaricé con la escena nocturna.

Una noche salimos a un club llamado Prive, una sala de tres plantas muy popular entre famosos y deportistas. Solo aparecer vimos que Eddie Jones y Brian Grant ya estaban allí. Había mujeres por todas partes. Sobre la mesa de nuestro reservado había entre diez y quince botellas de champán Louis Roederer Cristal de quinientos dólares cada una.

Nos trajeron la cuenta a las cuatro de la madrugada. El camarero la dejó en la mesa y Eddie la pilló y me la arrojó sin siquiera mirarla.

—Invítanos, chavalín —me dijo antes de incorporarse y largarse con los suyos.

A mí me dio miedo mirarla, pero alguien tenía que apoquinar. Abrí la carpeta de cuero: diecinueve mil dólares. Me quedé atónito, pero me la tuve que comer. Desenfundé mi tarjeta negra de American Express y la extendí a regañadientes.

Dos días después, llegué al pabellón para otro entrenamiento matutino, todavía mosqueado por haberme dejado tirado con una cuenta tan extraordinariamente astronómica. Me encontré con que alguien había depositado un sobre en mi taquilla que contenía un cheque por valor de quince mil dólares. Eddie salió de la sala del fisio llevando solo sus pantalones de entrenamiento. Me miró con una enrome sonrisa estampada en el rostro.

—Felicidades: prueba superada.

Podía considerarme bienvenido a Miami.

Me dije que había encontrado mi hogar en la NBA. Ahora solo me faltaba vivir en un castillo que estuviera a la altura. Después de una rápida búsqueda, me instalé en una mansión de seis habitaciones y nueve lavabos en Pinecrest, que quedaba como a cuarenta y cinco kilómetros del pabellón, y a veinte minutos de paseo de South Beach. Era lo más. Greg y nos instalamos y la decoramos como una perfecta residencia de soltero.

Éramos unos anfitriones cachondos. Nos visitaban colegas de Nueva York o Los Ángeles. Yo los alojaba en cualquiera de las habitaciones restantes durante el tiempo que les diera la gana. Mi parte favorita de mi nueva morada era el jardín trasero, provisto de piscina, jacuzzi y de un espacio para hacer barbacoas. La piscina era el lugar donde todo pasaba. Invité a unos diez de mis mejores colegas para celebrar la fiesta de inauguración de mi nuevo hogar con una barbacoa nocturna en la piscina. Nos pasamos un par de días al teléfono y llamamos hasta a la última stripper, groupie y amiguita que conocíamos para que se dejaran caer a las seis de la tarde. Ni que decir tiene que estaban más que invitadas a venir acompañadas de una amiga... o de tres.

En total se presentaron como unas cuarenta mujeres, y al cabo del rato la mitad de ellas ya estaban en pelotas. La cosa se transformó enseguida en una orgía en toda regla. No existe otra forma de describirlo. La peña follaba en la piscina, en el jacuzzi, en el césped, encima de las sillas o contra las lámparas de calor, por todos lados. Yo conocí a una pareja de gemelas veinteañeras que tuvieron cero problema con ninguna de mis peticiones. Me las quedé para mí durante la mayor parte de la noche.

Aquello fue una locura, incluso para nosotros. Las drogas y el alcohol corrieron a mansalva, y la noche se tragó al día y llegaron más chicas, y la fiesta se extendió hasta altas horas de la madrugada, hasta que todas y cada una de las fantasías y deseos del personal se habían hecho realidad.

18

Pat Riley nunca me preguntó directamente por mis problemas con la marihuana. Lo dejó entrever y me pidió que no se repitiera... pues resultaría a todas luces inaceptable en su organización. Yo diría que Riley estaba convencido de que no iba a defraudarle. En cualquier caso, resolvió que cada vez que fuera a salir de noche lo hiciera acompañado por un guardia de seguridad de su elección. El elegido terminó siendo David Holcombe, el jefe de seguridad de los Heat, un fornido, amenazante y sensato expolicía que con el tiempo se convertiría en el jefe de seguridad y acompañante personal de Dwyane Wade, a quien escoltaría durante casi toda su carrera.

Así pues, cada vez que quería salir, tenía que comunicárselo a Holcombe, quien se personaba en mi casa o quedaba con nosotros frente al club de turno, y se convertía en nuestra sombra durante toda la noche. Al día siguiente, tenía que redactar un informe completo de los pormenores de la noche y entregárselo a Riley. Durante nuestros desplazamientos, Holcombe se quedaba siempre en la habitación contigua a la mía.

Habida cuenta de que íbamos a clubs de striptease tres noches por semana, no tengo del todo claro qué clase de pormenores incluiría Holcombe en sus informes. Casi siempre nos marchábamos del club cuando salía el sol, escoltados por un par de strippers. (Yo siempre flipaba cuando veía el sol. Comoquiera que los clubs de striptease no tienen ventanas, nunca sabíamos qué hora era.) Imagino que los informes no incluyeron la vez en que un jovencito y popular jugador de la NBA, que en dos años iba a jugar su primer All-Star, estuvo sentado en pelota picada en una silla, mientras una stripper le dedicaba un baile privado.

—Ponte algo de ropa —le dije—. ¿Sabes la de gente que ha estado sentada en esa silla antes que tú?

Imaginaos cómo estaría el patio si era yo la voz de la razón...

Al plantarnos en la pretemporada, los entrenamientos de tres horas de Riley demostraron ser tan duros como contaba la leyenda. Por mucho que Stan Van Gundy fuera el primer entrenador en funciones, aquel seguía siendo el dominio de Riley. Él había diseñado el equipo y sería también el responsable de los éxitos o los fracasos que cosecháramos. Con Riley no había medias tintas: o llegabas en plena forma al primer día de entrenamiento o las pasabas canutas. Durante la primera semana, hubo vómitos y jadeos por doquier, pero a Riley le daba igual. No nos pagaba para que fuéramos jugadores del montón ni para que estuviéramos en baja forma.

La cultura y la camaradería que se respiraba en Miami me cautivaron desde el minuto uno. Los Heat te brindaban la clase de estructura y de apoyo que todavía no había conocido en mi carrera en la NBA. El equipo contaba con un buen grupo de veteranos talentosos y versátiles liderados por Eddie Jones, un todoterreno que llevaba diez años en el club y tenía una muñeca angelical, y por Brian Grant, una apisonadora en el poste bajo y un profesional como la copa de un pino, que era la voz de la razón en el vestuario. Y luego estaba el futuro de la franquicia, liderado por un industrioso jovencito de veintidós años llamado Dwyane Wade, destinado a convertirse en el jugador alrededor del cual se erigirían las esperanzas de que Miami se alzara con el campeonato de la NBA en el futuro. Yo tenía que encontrar mi sitio, y todavía ignoraba si debía aportar calma o agresividad.

A principios de otoño de 2003 estábamos en Puerto Rico para jugar un partido de pretemporada contra los Sixers, y yo me había propuesto impresionar a Pat. Si me pedía que saltara, le preguntaría cuán alto; si me topaba con un muro de contención, lo atravesaría. No había pasado un día sin que Riley me asesorara sobre cómo mejorar hasta el detalle más infinitesimal de mi juego: desde mi lenguaje corporal hasta cómo respirar hondo en la línea de tiros libres. Para Riley todos los detalles eran importantes. Habida cuenta de que aquel era un partido de pretemporada, los titulares iban a disponer de muchos minutos en la primera parte y luego descansarían en la segunda. Yo estaba ansioso por exhibirme ante Riley.

Sin embargo, tal y como lo vi yo, jugué como un paquete. Estuve negado de cara a canasta. Me metí hasta la cocina temerariamente, pero no no me entró nada. Entonces decidí concentrarme en el rebote. En los tableros nadie me hizo sombra, y sumé 16 rebotes. Repartí una asistencia detrás de otra y me cargué con tres personales. Al terminar el partido, Riley se me acercó. Estaba convencido de haberlo decepcionado con mi pobre rendimiento en ataque.

—Esto es exactamente de lo que te hablaba, chaval —dijo con entusiasmo—. Esta es la intensidad que busco. Juega así cada noche y llegarás tan lejos como te propongas. ¡Esto es exactamente de lo que hablaba, joder!

Riley también me enseñaría el auténtico significado de la palabra «talante». Era una de sus palabras favoritas y la repetía hasta la saciedad. Se refería a la manera de moverte. Al lenguaje corporal. A cómo reaccionar cuando las cosas no te salen como quieres. A la imagen que proyectas ante los demás.

A pesar de las buenas expectativas, tuvimos un arranque de temporada desastroso. Perdimos los siete primeros partidos y once de los primeros catorce. Riley no estaba para nada contento, claro que tampoco permitió que cundiera el pánico. Era demasiado bueno como para caer en eso. A pesar de que nuestro récord no era un reflejo del nivel del equipo, las sensaciones apuntaban a que no tardaríamos en florecer. El arranque de Wade, que ya entonces empezaba a exhibir un repertorio de jugadas acrobáticas de las que te quitaban el hipo, fue espectacular.

Uno de mis amigos más cercanos en el vestuario era Rafer Alston, también oriundo de Queens. Rafer había crecido no muy lejos de mi manzana, y era toda una leyenda en Nueva York. Me sacaba algunos años y había sido uno de mis referentes de infancia. Desde que Rafer saltó a la palestra, no había salido un solo chaval de Nueva York que no hubiese intentado emularlo de una u otra manera.

A Rafer se le conocía como Skip to My Lou[7], y sumaba su quinta temporada —y su tercer equipo— en la NBA, después de saltar a la fama en el legendario Rucker Park de Harlem. A Pat Riley le encantaba porque era fuerte y sabía dirigir el ataque. Era el suplente de Dwyane Wade, nuestro base titular. Aunque, en realidad, Skip era sobre todo un superviviente que hacía todo lo posible por mantenerse en el equipo.

Había firmado un contrato sin garantías y vivía preocupado por si la franquicia decidía desprenderse de él. Su contrato estipulaba que si aguantaba hasta el día 11 de enero, quedaba automáticamente renovado. Finalmente, la mañana del día 11 recibió las buenas noticias: se quedaba en el equipo hasta final de temporada.

Para celebrar las buenas nuevas, decidí organizar una salida a su club de striptease favorito. Fue genial verlo a gusto y relajado. Yo me sentí como un chaval de Queens escoltando a uno de sus iguales. Skip terminó jugando de inicio trece de los siguientes quince partidos, y se convertiría en una de las piezas clave para que alcanzáramos los play-offs.

Hacia mitad de temporada Liza y los críos se mudaron a Miami, de manera que el despiporre doméstico quedó interrumpido. Seguimos frecuentando clubs de striptease, pero regresaba a casa a una hora razonable por respeto a Liza. Continuaba disfrutando de los placeres que me ofrecía Miami, aunque, en gran medida, tuve que poner punto final a las orgías y a las citas con strippers. Durante los primeros

---

7. Es un baile de intercambio de parejas cuyo origen se encuentra en tiempos del Viejo Oeste y que con el tiempo Judy Garland popularizaría como canción infantil. *Lou* es *love* en escocés antiguo. [*N. del T.*]

meses de mi convivencia con Liza y los críos, mi vida comenzó a parecerse a la existencia con que siempre había soñado, y empezamos a dedicar los fines de semana a actividades familiares.

Hicimos barbacoas, celebramos cumpleaños y noches de películas, y salimos a comer en restaurantes como una familia. Mis hijos fueron a la playa por primera vez en su vida. Verles correr hacia el agua y escapar de las olas que se aproximaban sigue siendo uno de los recuerdos más imborrables de mi vida. Destiny tenía cinco años. Estaba aprendiendo a pedalear y había descubierto su amor por la lectura. A menudo, me llevaba a ella y a su hermano a librerías y les compraba libros, puzles y juegos didácticos. El jardín trasero de casa se convirtió en el centro de la mayoría de nuestras actividades familiares. Allí enseñé a nadar a Lamar Jr., que se deslizaba por el agua como un auténtico delfín. Impusimos la regla de que cualquiera que se quedara de pie al borde de la piscina merecía ser empujado inmediatamente al agua, sin perjuicio de quién fuera o de lo que llevara puesto. Aquel año, en Miami, nos fundimos unos cuantos móviles.

Por primera vez en mi vida me sentía como un padre de verdad. Despertar las sonrisas de mis hijos era lo más, no hay palabras para describirlo, y ofrecerles un entorno seguro donde no les faltara de nada tampoco tenía precio. De pronto, tenía algo más importante que yo de lo que hacerme cargo. Y lo que es más importante: mantuve mi promesa de no convertirme en mi padre. Lo hice como hay que hacerlo. Aquella era la diferencia fundamental entre mis hijos y yo: ellos tenían un padre del que sentirse orgullosos.

Había dejado de fumar casi por completo. Riley estaba encantado con mi puntualidad y mi profesionalismo, lo cual se traducía en que me metía todavía más caña.

—Piensa en Magic Johnson —me decía—. ¡En Magic Johnson, chaval!

—¡Señor, sí, señor! —respondía siempre yo.

Sabía lo importante que Magic era para Riley. No había nadie a quien tuviera en mayor consideración. Gracias a la vida sana que llevaba y a mi recién descubierta y nítida concentración, estaba jugando el mejor baloncesto de mi carrera. El equipo se acercaba a un balance casi idéntico de victorias y derrotas, y a finales de primavera estábamos peleando por meternos en los playoffs. Estaba que me salía.

Mi confianza se vino arriba tras quedarme a las puertas de mi primer triple doble (16 puntos, 9 asistencias y 7 rebotes). Sucedió el 4 de marzo de 2004 contra los Milwaukee Bucks. Sin embargo, me seguía faltando el partido que me consagrara como catalizador del equipo y nos propulsara a los playoffs. Dos días después, nos batimos a los Sacramento Kings y a su balance de 45 partidos ganados y solo15 perdidos. Mientras nos dirigíamos hacia la cancha distinguí a Pat Riley a pie de pista, al final del túnel de vestuarios. Inclinó la cabeza y se me quedó mirando fijamente.

—¡Lidéranos! —me dijo mientras pasaba corriendo junto a él—. ¡Lidéranos, O!

Y así lo hice. Me metí hasta la cocina, asistí a mis compañeros, lideré los contraataques y me erigí en el terror de los tableros. Fui a por todos los rebotes y volví loco a Chris Webber, pívot de los Kings.

Esa noche acabé con un triple doble para enmarcar: 30 puntos, 19 rebotes y 11 asistencias. A día de hoy, sigue siendo un récord en la historia de los Heat. A lo largo de las tres semanas posteriores, me marqué cinco dobles dobles más, como los 26 puntos, 18 rebotes y 4 asistencias que endosé a los Mavericks el 26 de marzo.

Lideré a los Heat hasta completar una racha de 9-1 que allanaría nuestro camino a los playoffs. En marzo fui nombrado Jugador del Mes, la única ocasión de mi carrera en que lo conquistaría.

Estaba en un gran momento.

19

Después de caer eliminados ante los Indiana Pacers en la segunda ronda de los playoffs (4-2), celebramos nuestras reuniones de final de temporada y nos despedimos de Miami por un mes o así.

Yo había completado una de las mejores temporadas de mi vida. Promedié 17,1 puntos, 9,4 rebotes y 4,1 asistencias, y estaba convencido de estar a las puertas de jugar mi primer All-Star. Dwyane Wade (superestrella y titular indiscutible en el All-Rookie), Caron Butler y yo formábamos el tridente joven más solvente de toda la liga, y apuntábamos a convertirnos en serios candidatos a la lucha por el título en las temporadas sucesivas.

Como es habitual a final de temporada, todos partimos en direcciones distintas para desconectar del básquet. Yo hice lo habitual al terminar la temporada: volar a Nueva York. En aquella época todavía te obligaban a desconectar el teléfono cuando volabas. Cuando conecté el móvil después de aterrizar, parecía una máquina del millón. Sonaba, zumbaba y parpadeaba enloquecidamente. Un escalofrío de pavor me recorrió el espinazo durante una centésima de segundo. Algo gordo tenía que haber pasado para recibir tantos mensajes.

La mayoría de llamadas perdidas eran de mi agente, Jeff Schwartz. ¿Por qué demonios me estaría llamando Jeff?, me pregunté. Nos quedaban tres años de contrato. Algo gordo se debía estar cociendo. Algo de ciento cincuenta kilos, como mínimo.

—Miami está intentando traspasarte —me soltó Jeff tan pronto como lo llamé.

—¿Cómo? Pero si acabamos de llegar. Y he hecho un temporadón —respondí.

—Agárrate, están intentando cerrar un intercambio: tú por Shaq.

Shaquille O'Neal, nada menos que el pívot más codiciado de la NBA.... Os lo decía: se trataba de algo gordo. Me quedé tan a cuadros como herido. Pat Riley me había confesado que estaba absolutamente encantado con mi aportación y que contaba conmigo a largo plazo, pero, maldita sea.... querían a Shaq. Yo sabía que Riley llevaba años suspirando por Shaq. No había entrenador ni director deportivo en toda la NBA que no quisiera echarle el lazo. Era la pieza definitiva con que todos soñaban para aspirar a ganar el título, de manera que no podía molestarme tanto. De haber podido, yo también me hubiese cambiado por Shaq.

La propuesta de intercambio de jugadores consistía en Shaquille O'Neal por Caron Butler, Brian Grant, yo mismo y una elección de primera ronda en el draft.

Riley llevaría semanas trabajando en aquella maniobra a mis espaldas. Mientras volaba a Nueva York, se había corrido el bulo entre los medios de que el intercambio estaba hecho. De ahí que Jeff me estuviera llamando. Mi contrato incluía una cláusula que estipulaba que, en caso de ser traspasado durante mi primera temporada en Miami, tenía derecho a una compensación del quince por ciento de mi sueldo.

Las palabras de Jeff me llegaron a través de una bruma de estupefacción. Tuvo que repetírmelo varias veces para que lo asimilara. Me puse a revisar frenéticamente la temporada en mi cabeza, preguntándome qué hubiera podido salir mejor. Sobre todo pensé en mi incipiente relación con Riley, uno de mis héroes. Estaba convencido de que me quería. Me sentí rechazado, o peor: me sentí traicionado.

Si los jugadores de baloncesto no se cansan de repetir lo de «esto es un negocio», es debido, precisamente, a situaciones como esta. Es la pura verdad. La lealtad no existe. Y quien se convenza de lo contrario, terminará pringando... exactamente como me pasó a mí.

Inmediatamente después de aterrizar, me fui de cabeza al Sports Club de Nueva York para entrenar y olvidarme del inminente traspaso y del sentimiento de rechazo. Hice algunos lanzamientos, trabajé mi manejo de balón y terminé con una ligera sesión de pesas. Quemé un poco mi agresividad, pero cada persona con la que me cruzaba me hacía la misma pregunta. El actor Taye Diggs, sin ir más lejos, me estuvo interrogando al respecto entre un ejercicio y otro.

Al terminar el entrenamiento, me senté con Greg en la cafetería, todavía flipando con la que se me venía encima. Me impresionó que Regis Philbin, el presentador de *Live! With Regis and Kelly*, abriera el programa con un monólogo dedicado a mí. Era innecesariamente entusiasta.

—Buenas, Lamar. ¿Cómo va el traspaso? ¡Qué locura! —proclamó en su habitual estilo entrecortado—. ¡Felicidades!

A mí me estaba costando un montón asimilarlo. Hacía lo posible por contener el bajón, pero lo cierto es que Miami me encantaba y no me quería ir, por no hablar del entusiasmo de formar parte de un equipo que reuniría a Shaq, D-Wade y a mí mismo. Eso equivaldría a contar con uno de los quintetos más espectaculares de la historia de la NBA; es más, nos convertiría de inmediato en favoritos al título y nos permitiría empezar nuestra propia dinastía.

Regresé a mi habitación en el hotel Phillips Club y el teléfono volvió a calentarse. Jeff me dijo que estaba en su mano reemplazarme por Eddie Jones. Por lo visto, a Riley le entusiasmaba la idea y era partidario de que me quedara en Miami si encontrábamos la manera de hacerlo. Sin embargo, los Lakers se negaron a cerrar un trato que no me incluyera. El director deportivo de los Lakers, Mitch Kupchack no lo aceptó; se había imaginado a un dúo dinámico integrado por Kobe Bryant y yo. Riley estaba convencido de que podría cerrar el trato sin mí, pero estaba pillado por los huevos. Los Lakers no iban a deshacerse de Shaq sin obtener a cambio lo que querían. La clave del trueque era yo.

Había un lado positivo en todo aquello. Iba a embolsarme una prima de 7,4 millones de dólares por regresar a Los Ángeles y jugar para la franquicia más legendaria de la historia de la NBA junto al mejor jugador de la competición, Kobe Bryant. ¿No está mal, no?

Sonó el teléfono. Era Riley.

—Buenas, me sabe muy mal que hayamos llegado a este punto —dijo Riley.

—No sé qué decir —respondí resignado—. Soy consciente de que tienes que hacer lo que...

—Solo quiero que sepas que te quiero —me confesó tras interrumpirme.

Se notaba que le estaba costando pronunciar aquellas palabras. Tenía la voz tomada y parecía estar quedándose sin aire. A mí me pasó tres cuartos de lo mismo. Se me hizo un nudo en la garganta. Entonces deseé que siguiera hablando para ahorrarme el mal trago de tener que hacerlo yo. Sus palabras, en cualquier caso, confirmaban mis deseos: Pat Riley me quería. Me tenía por algo más que un mero jugador de baloncesto, y en aquel momento aquello significó mucho más que cualquier prima o que cualquier maldita cláusula. Fue la conversación más emotiva y complicada que he tenido con un ejecutivo del mundo del baloncesto en toda mi vida.

Se hizo un largo silencio. Lo escuché suspirar al otro lado de la línea. Su exhalación delataba que se sentía culpable. Me dio a entender que no había nada definitivo.

—O, todo esto ha surgido de la nada —me dijo Riley—. Las cosas a veces suceden sin que nos demos cuenta, joder, pero...

En el momento en que me llamó «O» supe que me lo estaba diciendo de corazón; su voz desprendía honestidad cuando se dirigía así a mí.

Yo, pese a todo, seguí sin decir nada. Otro silencio. Este fue más largo y agónico que el primero. La línea se llenó de aire. No me correspondía a mí romperlo.

—Lo voy a arreglar —dijo Riley, dejándome completamente a cuadros—. Lo voy a arreglar, O, pero deja que te llame más tarde.

Greg y yo nos quedamos del revés. A mí me afluyeron todas las emociones imaginables, y, sin embargo, seguía sin saber cómo reaccionar. Esperé desquiciado a que el teléfono volviera a sonar con más información. Pasados cinco minutos, lo hizo. Era Jeff.

Riley había llamado al propietario de los Heat, Micky Arison, después de colgar conmigo. Arison se negó a llegar a ningún acuerdo que no resultara en O'Neal convertido en nuevo jugador de Miami Heat. El trato se cerraría tal y como estaba previsto. Me derrumbé.

—Y eso no es todo —me explicó Jeff—. A Pat Riley se le ha prohibido terminantemente cualquier contacto contigo. Me acaban de llamar sus abogados. Riley no te volverá a llamar. No hay nada que hacer.

Colgué el teléfono y me llevé las manos a la cabeza. Tenía ganas de llorar.

20

ANTES DEL TRASPASO, recibí una de las mayores distinciones de mi carrera: fui seleccionado como miembro de la selección nacional de Estados Unidos para competir en las Olimpiadas de 2004. De pequeño, me quedé pilladísimo con el Dream Team original, y siempre había fantaseado con ser olímpico y representar a Estados Unidos.

Me iba a incorporar a un equipo que contaba con ilustres veteranos como Tim Duncan, Allen Iverson y Amar'e Stoudemire, y que también significaría la puesta de largo internacional de jugadores como LeBron James, Carmelo Anthony y mi compañero en los Miami Heat Dwyane Wade, que habían tenido un formidable estreno como *rookies*.

Sin embargo, la alegría de ser seleccionado se transformó rápidamente en ansiedad tan pronto como los funcionarios olímpicos me informaron de que debía pasar un control antidopaje antes de incorporarme oficialmente al equipo. Ni siquiera se me había pasado por la cabeza. No cabía duda de que el dopaje era algo gravísimo, a pesar de que en la NBA el consumo de sustancias para aumentar el rendimiento deportivo no era un problema. Esas son movidas que afectan a atletas y ciclistas. Daba igual. El caso es que todo el mundo tiene que someterse a controles. No es ninguna tontería.

Poco después de haberme trasladado de nuevo a Los Ángeles con toda mi comitiva, recibí la llamada que me informaba de que un funcionario se pasaría por mi casa para someterme al control. Era completamente imposible que lo pasara. Llevaba todo el verano fumando hierba a diario. Me entró el pánico. *¿Qué pasará si vuelvo a dar positivo?* Sería el tercero en cuatro años. ¿No acabaría eso con la paciencia de la gente? Y lo que es peor: ¿acaso no sería mi punto y final en la NBA?

Nunca lo sabríamos. Empezamos a buscar «penes postizos» en Google y estudiamos distintas formas de burlar un control antidopaje. Después de una búsqueda exhaustiva compramos una gigantesca polla negra de plástico. Nos llegaría al día siguiente. Sabíamos que cuando yo rellenara la muestra de orina y se la entregara al responsable del control, el líquido tendría que estar caliente, pues se suponía que acababa de evacuarlo. Muchos deportistas intentaban evitar que los pillaran escondiendo una taza de orín caliente en el armario del lavabo. Sin embargo, aquel método no funcionaría con el Comité Olímpico de Estados Unidos, así que más me valía que el pis estuviera a temperatura corporal.

Robert Montgomery, funcionario de seguridad de la NBA y responsable del control, aparcó el coche en la entrada de mi casa y llamó a la puerta. Era la señal para que mi preparador físico, Robbie Davis, meara en el depósito del falo de plástico que estaba oculto en los testículos del aparato. Robbie no se había drogado ni una sola vez en su vida, de manera que la pureza de su pipí estaba garantizada. Me entregó el pene de plástico rellenado y abandonó el lavabo mientras yo me lo ataba.

Montgomery entró en el lavabo y me extendió el recipiente. Se quedó de pie, unos dos metros por detrás de mí, mientras yo me daba la vuelta hacia el inodoro. De repente, fui consciente de lo que estaba haciendo y empecé a ponerme un poco nervioso. Era una puta locura, pero en aquel momento era mi única alternativa. Me bajé la cremallera y deslicé cuidadosamente el pene postizo por la abertura del pantalón. Para lograr que el meado saliera por la punta era necesario estrujar la válvula repetidamente.

Tenía que disimular mis movimientos cuidadosamente, puesto que aquella era una manera antinatural de miccionar. A pesar de que habíamos sometido al aparatito a múltiples pruebas, estaba paranoico con que no funcionaría. Además, tenía el tío a mi espalda, y aquello no era ninguna paranoia. Fui extremadamente cuidadoso en no derramar la muestra recién vertida, habida cuenta de que con Montgomery en mi casa no habría manera de conseguir otro caudal fresco.

Rellené el recipiente y terminé de evacuar en el lavabo, para simular que estaba meando de verdad. Acto seguido le entregué a Montgomery una taza de pis calentita. Él introdujo un termómetro en la muestra para calibrar la temperatura y, a continuación, sin sospechar lo más mínimo la procedencia de la orina, proclamó: «Bienvenido al equipo de los Estados Unidos», y sin más preámbulos, se esfumó. A la que se alejó en el coche, respiramos todos en señal de desahogo. Nos la habíamos jugado a lo bestia. Yo soportaba bien la presión, pero en aquel momento mis nervios eran como un sonajero.

Salí afuera y me lié un porro.

Algunos días más tarde estábamos en Jacksonville para comenzar los dieciocho días de preparación para los Juegos Olímpicos de Grecia. Una vez en Europa, jugaríamos en Alemania, Serbia, Montenegro y finalmente en Estambul. A pesar de la mezcla de veteranos y novatos, y de que la mayoría de nosotros no habíamos jugado nunca juntos, las distintas personalidades del grupo quedaron rápidamente cohesionadas. Era un combinado olímpico al que le gustaba salir de fiesta, probablemente más que a ningún otro en la historia reciente. Para disgusto de gran parte de la seguridad de la NBA, suspirábamos por que llegara la noche y por todas las aventuras que esta tenía que ofrecernos.

Las medidas y el equipo de seguridad que nos acompañaban no tenían parangón en la historia del baloncesto norteamericano. A fin de cuentas, estos serían los primeros Juegos Olímpicos después de los atentados del 11-S, y ni la NBA ni el Comité Olímpico iban a dejar ningún cabo suelto. En Estambul, donde nos alojamos en un hotel de cinco estrellas de lo más extravagante, estalló una bomba a un kilómetro de nuestra ubicación. Las fuerzas de seguridad se desplegaron inmediatamente alrededor del cuerpo técnico y de los jugadores, y nos trasladaron hasta un búnker subterráneo, donde permanecimos en una cámara acorazada hasta que pasó el peligro.

Era inconcebible que saliéramos del hotel sin escolta. El equipo de seguridad tenía que conocer nuestro paradero en todo momento. Ni siquiera los amigos o familiares de los jugadores podían abandonar el hotel por su cuenta. Era un peñazo, por decirlo finamente, y a menudo ni siquiera valía la pena salir, de manera que pasamos mucho tiempo en nuestras habitaciones. Todavía no habíamos llegado a Grecia y ya empezábamos a estar cansados.

Un día, Allen Iverson y Stephon Marbury tuvieron una idea para burlar la seguridad y organizaron una salida nocturna solo con jugadores. Iverson era nuestro líder y el jugador más veterano de la escuadra. Todos le respetábamos, y cuando abría la boca, lo escuchábamos. Era un héroe para muchos de nosotros. A todos nos flipaba, y procurábamos empaparnos de cada segundo que pasábamos a su lado. Era el puto amo.

Quedamos en el vestíbulo del hotel para nuestra salida nocturna de escaqueo y se presentó prácticamente el equipo al completo. LeBron, Carmelo y Allen Iverson llevaban puestas camisetas blancas XL, de manera que cantábamos bastante. No fue la más clandestina de las operaciones, precisamente, pero, de algún modo, once jugadores profesionales de baloncesto —todos excepto Tim Duncan— nos las ingeniamos para deslizarnos por una puerta lateral y subirnos a varios taxis apostados en fila a la salida. Por aquel entonces, el pívot de Utah Mehmet Okur, natural de Turquía, era el propietario de una de las discotecas más alucinantes del país. Estaba provista de una deslumbrante zona al aire libre y de un enorme interior de cinco plantas al que se podía llegar en barco.

Había yates demenciales, de más de cincuenta metros de eslora, atracados en los muelles de la parte de atrás. Entramos en el club con Iverson a la cabeza. Yo nunca había visto a tantas tías buenas en un mismo lugar. Había mujeres de todas las razas, tonos de piel y texturas de pelo imaginables. El alcohol fluía y la música retumbaba. Había peña liándose por todos lados. Parecía una escena sacada de una película.

A las tres de la madrugada, Iverson había tenido suficiente y quería organizar el transporte de regreso al hotel para que no tuviéramos que esperar ni arriesgarnos a que nos asaltaran. Sin embargo, tan pronto como pusimos un pie afuera, nos encontramos envueltos por un enjambre de *paparazzi*. Los flashes parpadeaban a lo bestia. Alguien se había ido de la lengua y nuestros entrenadores se enteraron de que estábamos allí. En cuestión de segundos, tres enormes furgonetas de seguridad de la NBA frenaron en seco a la salida del club. Los seguratas salieron del interior con cara de pocos amigos.

Se acabó lo que se daba.

Llegamos a Grecia el 13 de agosto de 2004, el día después de nuestra épica escapada nocturna, y ya no volveríamos a burlar las medidas de seguridad. A partir de aquel momento y hasta el día de nuestro regreso, los ojos que nos controlaban se multiplicaron. Después de mucha deliberación, se decidió alojar al equipo en el crucero RMS *Queen Mary 2*, un monumental transatlántico de lujo de ochocientos millones de dólares atracado en una zona olímpica exclusiva y protegido por comandos, detectores de movimiento, cañoneras, helicópteros y sensores capaces de detectar la presencia de submarinistas. Era un barco recién construido, y era el buque de pasajeros de mayor eslora construido jamás: 345 metros, casi medio kilómetro.

La decisión de quedarnos en el *Queen Mary* y no en la villa olímpica con el resto de atletas sembró el malestar entre los jugadores y fue ridiculizada por los medios de comunicación. Pese a todo, la NBA consideraba que el riesgo para la seguridad era demasiado elevado. Solo tener que embarcar y desembarcar al equipo a diario exigía un enorme despliegue de seguridad. Había que pasar toda suerte de controles tanto a la entrada como a la salida. Las dos veces que salimos por la villa olímpica nos lo pasamos súper bien, aunque, a la postre, pasaríamos la mayor parte del tiempo anclados. Lo máximo que conseguimos fue visitar un club de striptease griego que estaba plagado de rusas despampanantes. Pero eso fue todo.

El barco contaba con decenas de restaurantes, un cine, un centro comercial, un teatro, una biblioteca, una vinoteca, infinidad de obras de arte y hasta un planetarium, pero, excepto algunos mandamases británicos y princesas saudíes, éramos los únicos pasajeros, de manera que era como estar en una ciudad fantasma flotante.

Nos pasamos la mayor parte del tiempo en la discoteca del barco, llamada G32 en honor al número de identificación del casco de cubierta del transatlántico. Estaba en la segunda cubierta y tenía una enorme pista de baile y varios bares en los que bebimos cada noche.

Una noche, Allen Iverson descubrió una sala para fumadores de puros y procedió a organizar encuentros allí cada día a las ocho de la tarde. Y así fue como unos cuantos de nosotros nos citaríamos puntualmente, cada tarde, para fumar puros y contarnos batallitas. Iverson bautizó al grupo como El Club del Puro. Todas las miradas estaban puestas en él, y nos contó historias brutales sobre su vida y su carrera. Nadie se las quería perder, porque nunca sabías por dónde te iba a salir.

El Club del Puro fue toda una educación en las biografías de los mejores jugadores de baloncesto del mundo. No había temas tabúes. Cerca del final de las casi tres semanas en que celebramos El Club del Puro, Chuck (que era el apelativo, además de Bubbachuck, con que sus amigos más cercanos y sus familiares llamaban a Iverson) nos contó una de sus mejores anécdotas. Hacía algunos años, durante el épico duelo a ritmo de hip-hop entre Jay-Z y Nas, este se sacó de la manga su infame y humillante tema «Ether», al que Jay-Z replicó rápidamente con «Supa Ugly».

En las primeras estrofas del tercer verso de «Supa Ugly», Jay aludía a cómo tanto él como Iverson habían tenido sus escarceos con Carmen Bryan, novia y madre de uno de los hijos de Nas. En la letra, Jay rapea lo siguiente: «*Me and the boy A. I. got more in common / Than just ballin' and rhymin' / Get it? / More in Carmen*[8]».

Iverson nos contó que el día que se lanzó la canción iba conduciendo en compañía de su esposa. «Iba escuchando la canción y pensando

---

8. «Yo y el colega A. I. tenemos algo más en común/ que la pelota y la rima / ¿Lo pillas? Más en Carmen.» Es un juego fonético inspirado en la pronunciación de las voces *«common»* y «Carmen» en inglés. [*N. del T.*]

"joder, esto es un temazo"», contaba Iverson. «Me puse un poco tonto y subí el volumen. Y de repente suelta la frasecilla y yo me quedó en plan, ¡¿cómo?! Y mi mujer se me queda mirando fijamente y empieza a soltarme una sarta de hostias. Se quedó a gusto, la tía.»

Nos quedamos todos llorando de la risa, partiéndonos la caja. Pero nadie osó interrumpirle. Nos moríamos por seguir escuchando. Chuck aspiró el puro. «Así que nada, me mosqueé, estaba mosqueado que te cagas. ¿Y sabéis lo que hice?», nos pregunta Iverson. «Pues llamé a Jay-Z y le pregunté por qué coño había metido mi nombre en la canción.»

—¿Por qué coño me tienes que arrastrar en tu mierda? —le preguntó Iverson.

La línea telefónica se quedó en silencio.

—Tío, era solo un juego de palabras —respondió Jay-Z—. No me refería a eso. Es una tontería.

—Pero es que estoy casado y con hijos, tronco —replicó A. I.—. No puedes dejarme con el culo al aire de esta manera.

—Tío, no te lo tomes tan a pecho —dijo Jay-Z tranquilamente—. Mike Jordan ha vuelto.

Entonces Jay-Z le colgó el teléfono.

Todo el mundo empezó a aplaudir la historia. Los más jóvenes, como LeBron y Melo, estaban flipándolo, empapándose de todo. Cuando LeBron era un chaval, su ídolo no era Jordan, era Allen Iverson. LeBron quería ser igual que Chuck, desde la cinta elástica en la cabeza hasta la muñequera en el brazo, pasando por su repercusión en el juego. Saltaba a la vista lo impagables que eran aquellas reuniones nocturnas para él. Tanto como para mí. Estar todos juntos durante aquel viaje fue una de las mejores experiencias de mi vida.

Sin embargo, sobre la cancha, la historia sería completamente distinta, ya que aquel combinado nacional de 2004 se convertiría en una de las mayores decepciones del baloncesto olímpico estadounidense de la historia. No estuvimos cohesionados, no encontramos la tecla. El nuestro fue el único equipo olímpico desde Barcelona 92, el año en que Estados Unidos empezó a mandar a jugadores profesionales a las olimpiadas, que no consiguió hacerse con la medalla de oro.

La selección estadounidense nunca había perdido tantos partidos en una competición olímpica como nosotros con nuestras tres derrotas, entre ellas la paliza que encajamos contra Puerto Rico, la derrota más abultada jamás registrada por la selección olímpica estadounidense: caímos por 19 puntos.

Lo que sucedió fue que, desde el principio, nadie compartió ni el estilo ni las rotaciones de nuestro entrenador, Larry Brown. Era un míster autoritario a la vieja usanza, y sus maneras se cargaron la ilusión de muchos chavales. Se supone que jugar al baloncesto en verano es una experiencia divertida. Brown prescindió de talentos en ciernes como LeBron y Melo, en favor de veteranos como Shawn Marion y Richard Jefferson. LeBron, Melon y D-Wade estaban tan rayados que una noche se reunieron en la sala de ordenadores del barco a medianoche y se pusieron a buscar frenéticamente el calendario de partidos de la siguiente temporada de la NBA para ver cuándo iban a jugar contra Marion y Jefferson.

Regresamos a casa con una medalla de bronce que nadie quería. Fue duro no rayarse con aquel decepcionante resultado, y muchos de nosotros tardamos en desquitarnos. En el lado positivo, yo completé una muy buena actuación y terminé erigiéndome en uno de los jugadores más consistentes. Promedié 9,3 puntos, 5,8 rebotes y 57 por ciento en tiros de campo, además de ser titular en los ocho partidos que disputamos. A pesar de que no fuera la medalla de oro, yo me quedé súper feliz de llevarme una medalla. Era un símbolo a muchos niveles de lo lejos que había llegado. Al volver a casa, se la regalé a mi hijo, LJ, y él la guardó en su cómoda, y ahí sigue.

21

ME HE ACOSTADO CON MÁS de dos mil mujeres.

No recuerdo la mayoría de sus nombres. Muchas fueron rollos de una sola noche. Han sido tantas las strippers que he perdido la cuenta. No es que importe demasiado, pero a menudo les pagaba. Lo hacía por la mañana. Nunca las traté distinto por ello. Les hacía el amor y les dejaba dos mil dólares sobre la cómoda. Se sobreentendía que, para cuando saliera de la ducha, ya se habrían ido, básicamente, porque, por lo general, tenía entrenamiento o sesiones de lanzamientos a esa hora.

Estoy obsesionado con el sexo desde que tengo uso de razón. Me fascina tocar a las mujeres y necesito sentirme cerca de ellas, percibir el contacto de su piel contra la mía. Tocar a una mujer me hace sentir seguro. Necesito el contacto físico. Ni siquiera es imprescindible que haya sexo. Me quedo igual de satisfecho acurrucado junto a ellas, en la cama. Solo me hace falta la conexión.

Sé que no me creeréis, pero no recuerdo mi primera vez. Es una locura, ¿verdad? Creo que tenía catorce años. Sucedió en los dos años posteriores a la muerte de mi madre, y he purgado hasta el último recuerdo de aquella época. Mi primer recuerdo sexual es con Liza, cuando íbamos a segundo de bachillerato. Fue durante el verano de 1996, después de que yo regresara de Las Vegas. Al año siguiente se quedó embarazada de Destiny, nuestra primera hija.

Llevo buscando a mi madre desde que murió. La buscaba en todas las mujeres que me llevaba a casa. Follar era mi manera de rellenar el vacío... y de sentirme completo. Deseaba ser amado, pero nunca encontraba el amor. Puede que físicamente me llenara, pero siempre me quedaba emocionalmente vacío. Solía acostarme con cinco o seis chicas por semana, pero la noche en que volvía solo a casa, los demonios me atormentaban. Necesitaba a las mujeres como una salida... como una válvula de escape. Y eso es algo que acarrea problemas. Casi siempre lo hacía sin condón, y a lo largo de los años he pagado un montón de abortos. No me enorgullezco. Es perfectamente legal, pero no me siento orgulloso de ello.

Soy un adicto al sexo.

Mi adicción al sexo iba de la mano de mi adicción a la cocaína. Me afectaban desde que abría los ojos hasta que me iba a dormir y los cerraba de nuevo. Intentad compaginar esto con un trabajo de día.

Probé la cocaína por primera vez en algún momento del verano de 2004 y fue una experiencia reveladora. Estaba en el Shore Club, un hotel de lujo de Miami para famosos y millonarios. Yo andaba por la piscina con un grupo de colegas y me crucé con una pareja de ricachones blancos sentados al borde del agua. El tipo se incorporó de su silla lounge y me preguntó si tenía cocaína. Era una pregunta insólita a la que respondí de manera más insólita todavía.

—Creo que puedo conseguir —respondí.

No tengo la menor idea de por qué dije eso.

Me dirigí hacia mis colegas y me pasaron una pequeña bolsita.

Me puse un poco nervioso. No tenía ni idea de cómo me iba a sentar, y lo que es peor: me daba miedo que me gustara.

Mis miedos se confirmaron. La primera vez que esnifé cocaína sentí un orgasmo integral por todo el cuerpo. Y, en cierta manera, lo tuve.

El desconocido, su mujer y yo nos dirigimos a una zona apartada de la piscina. Ella tendría unos treinta y cinco años, era rubia y hermosa. Parecía una chica Playboy de los años setenta. Ambos estaban excitados por la rapidez con que había pillado, por no hablar de la excitación que parecía despertarles conocer a un famoso jugador de baloncesto negro. Nos sentamos en una pequeña mesa y la mujer le pidió al marido que se fuera. Lo hizo rápida y obedientemente.

—En buena hora, joder —soltó ella.

Vaciamos la bolsa en la mesa y yo desenfundé mi American Express negra de mi bolsillo y empecé a separar la cocaína en varias rayas. No sabía muy bien lo que estaba haciendo, pero lo había visto en las películas. La mujer se quitó la parte de arriba del bikini. Las marcas del sujetador eran increíbles. Me quedé mirando sus tetas mientras se inclinaba y aspiraba una raya con un billete enrollado de cien dólares.

Me extendió el billete. A la mierda. Me incliné, me puse el billete en la nariz y aspiré por el orificio izquierdo. La cabeza se me fundió y pegué un bote fulminante. Sentí un subidón que nunca antes había sentido y que no volvería a sentir. Fue directa a mi polla, que se puso dura al instante. Ella se hizo la tercera raya y yo la cuarta. Y entonces la mujer se puso de rodillas, me bajó los pantalones cortos y se llevó mi miembro a la boca.

Fue una sensación increíble. A los dos minutos, me corrí. Ella se incorporó, se volvió a poner la parte de arriba, se acicaló el pelo y dijo:

—Ha sido un placer conocerte.

Y se largó.

Yo me quedé allí pensando en qué coño acababa de pasar. Estaba en el séptimo cielo. Se me había abierto una nueva dimensión. Cocaína. No daba crédito ni a cómo me hizo sentir ni a la manera en que me había entrado directamente por la polla. Quería volver a experimentar esa sensación otra vez; en plan, ahora mismo. ¡Quería follar encocado!

Me pasaría la mayor parte de los próximos quince años intentando reproducir aquel primer subidón. Necesitaba sentirlo de nuevo. Y si tenía que matarme para conseguirlo, así lo haría.

La cocaína es una droga de la hostia.

De vuelta a Los Ángeles, a finales del verano de 2004, decidí aprovechar que me tocaba empezar una nueva vida por segunda vez en dos años para hacer algunos cambios. Me mudé a una casa nueva, en primera línea de mar.

Volver a Los Ángeles, a sus viejos trayectos, sus increíbles panorámicas y sus garitos habituales me hizo sentir bien. Al Harris y Kamal McQueen seguían viviendo en el Valle, y tenía muchas ganas de reencontrarme con ellos. Como era habitual, Greg se vino a vivir conmigo, se encargó de todos los asuntos de la casa y continuó haciéndome de conductor y de mánager.

A finales de septiembre, los jugadores de los Lakers empezaron a llegar a Los Ángeles de sus vacaciones y a quedar para jugar partidos entre ellos en el recinto de entrenamiento en El Segundo, al sur del aeropuerto internacional LAX. Yo venía de jugar mi mejor temporada como profesional y estaba en una forma inmejorable para arrancar la temporada gracias a mi periplo olímpico.

Claro que había una persona allí que ya estaba más en forma que nadie. De hecho, no creo que hubiera estado en baja forma en ninguna de sus primeras ocho temporadas en la NBA. Me quedé asombrado por cómo se cuidaba físicamente. A sus veintiséis años, con tres anillos de la NBA y seis apariciones en el All-Star, la ascensión meteórica de Kobe Bryant continuaba imparable y se había ganado a pulso la fama de mejor jugador de la liga.

Kobe lo hacía todo con la mirada puesta en alcanzar la perfección. Desde cómo acondicionaba su cuerpo y su mente, pasando por un consumo religioso de vídeos de baloncesto, hasta su endiablada manera de competir. Era digno de admiración. Cuando estabas cerca de Kobe, una de dos: o te contagiaba o te rayaba. Él marcaba el tempo, y el trabajo de los demás consistía en adaptarse.

Sin embargo, yo me encontré con un Kobe y con unos Lakers distintos. Phil Jackson se había retirado, llevándose consigo los tres anillos y las cuatro Finales que había disputado en los últimos cuatro años. Me había cruzado con Shaq, que volaba rumbo a Miami, así que los Lakers eran, por primera vez en décadas, un equipo en reconstrucción.

Kobe se había pasado la temporada anterior jugando bajo la nube negra de una investigación por un caso de abuso sexual. Fue a consecuencia de un incidente acaecido en una habitación de hotel en Eagle, Colorado. Una empleada del establecimiento lo acusó de haberla violado. La vista oral y los hallazgos coparon las portadas de los periódicos, y Kobe vivió la temporada más pobre de sus años de esplendor.

Poco después de mi llegada a Los Ángeles, los cargos contra Kobe fueron retirados porque su denunciante se negó a testificar. A pesar de que la imagen pública de Kobe fue menoscabada y su cuidadísima reputación de modélico rostro de la liga quedó rota en mil pedazos, él estaba resuelto a pasar página y concentrar toda su energía en el baloncesto.

Era evidente que Kobe no era la persona más feliz del mundo. Se había librado por los pelos de un juicio que habría sido tan psicológicamente agotador como devastador para su imagen —ganase o perdiese— y que habría cambiado el curso de su vida. La angustia mental de quedarse sin competir y enfrentarse a una pena de prisión de más de diez años se había cobrado su peaje.

Pese a todo, llegó al recinto de entrenamiento en una forma extraordinaria. Kobe era ultracompetitivo, ya fuera jugando partidillos improvisados o al veintiuno, y se enfurecía cuando perdía o, aún peor, cuando la derrota era culpa de la negligencia de algún compañero. Kobe hablaba mucho. Reprendía a compañeros y a adversarios por igual, y aflojaba codazos en mitad de sus monsergas. Una vez abandonaba el gimnasio, el ambiente cambiaba considerablemente. Se lo tomaba todo súper en serio. Si los partidillos improvisados empezaban a las once de la mañana, lo más probable es que Kobe llevara en pie desde las cinco. O sea, la misma hora a la que yo regresaba a casa algunas noches.

Nunca he tenido a otro compañero con la energía que tenía Kobe. Ni siquiera la perdió cuando su vida personal se convirtió en todo un pandemonio. Yo sabía que estar tan cerca de alguien tan competitivo como Kobe sería perfecto para mí. En aquellos primeros días de partidillos y entrenamientos, Kobe sometería a todos los compañeros a su «proceso de escrutinio», como lo bautizaría él mismo. ¿El objetivo? Ver de qué pasta estaba hecho cada uno.

De repente, Kobe venía directamente hacia donde estuvieras y te soltaba:

—¿Qué vas a hacer ahora?

—No me das ningún miedo —le gritaba yo. Tenía que hacérselo saber inmediatamente.

También se dedicaba a echar pestes y soltar mierda para ver cómo reaccionábamos. Era hardcore que te cagas. Para él solo eras alguien cuando así lo demostrabas. Y si te ponías nervioso y no encajabas bien sus embestidas, perdías puntos inmediatamente. Entonces redoblaba la ofensiva con el único propósito de dejarte seco. Si no confiaba en ti en los entrenamientos, entonces tampoco lo hacía en los partidos. Claro que yo soy de Queens, así que nada de lo que decía me resultaba extraño.

A pesar de tratarse de una franquicia legendaria, no me impresionó de la manera en que se esperaba. Los Lakers seguían siendo la joya de la corona de la NBA, pero los Lakers de la temporada 2004-05 no eran los Lakers de Riley. Ni los de Phil Jackson. Aquel verano la franquicia había contratado a Rudy Tomjanovich por cinco temporadas a cambio de treinta millones de dólares para conducir de nuevo al equipo hacia lo más alto. Pero si bien Rudy era intenso en el banquillo y con los preparativos, le faltaba bastante mano izquierda con los jugadores. El rollo del equipo no tenía nada que ver con el que reinaba en los Heat de Riley, un modelo que me había enamorado.

En los Lakers de Tomjanovich, a mis colegas y mi preparador físico se les permitía volar en el avión del equipo y presentarse en los entrenamientos cuando les diera la gana. Riley ni siquiera permitía que mis colegas asistieran a las cenas de equipo en el Joe Stone's Crab.

El equipo estaba desequilibrado y poco cohesionado, pero tal y como había previsto, Kobe me ayudó a mejorar mi juego y promedié 15,2 puntos, 10,2 rebotes, 3,7 asistencias y un 47 por ciento en tiros de campo, mi récord personal. Sin embargo, éramos una causa perdida, y terminamos la temporada con un balance de 34 victorias y 48 derrotas, quedándonos fuera de los playoffs por primera vez en once años. Nuestra undécima posición en la Conferencia Oeste fue la peor en la historia de la franquicia.

Yo estaba encantado de haber regresado a Los Ángeles, pero, en líneas generales, había sido una temporada para el olvido. Había que dejarla atrás.

Mi romance con la cocaína había llegado para quedarse. La sensación era idéntica a conocer a una chica y caer rendido a sus pies, perdidamente enamorado, y querer verla a todas horas. Anda que no fue así la primera vez que probé la farlopa. Al principio, no eres consciente del poder que tiene, ni del poder ni del control que ejerce sobre ti. Empecé a rodearme de gente que hacía lo mismo que yo. Encontrar a cómplices tóxicos nunca fue complicado. Los hay a patadas. Suspiran por regocijarse en tu fama y te colman de farlopa. ¿Dónde hay que firmar?, me dije yo.

El Shore Club de Miami se convirtió en mi hogar lejos de casa. Dejaba el trabajo en Los Ángeles y me fugaba al otro extremo del país. Aquello era un parque de atracciones sin ley: nada estaba prohibido. Cuando la noche se ponía demasiado tentadora, escandalosa o ilegal sabía que encontraría un refugio en los confortables confines de mi playa favorita, un paraíso donde lo único que se desvanecería más deprisa que mis inhibiciones sería mi sentido común.

Había noches en que parecía que en South Beach hubiese más cocaína que arena. Conforme mi consumo de drogas empezó a incrementar, descubriría que las strippers mejoraban la cocaína y que la cocaína mejoraba el sexo. Sentía una invencibilidad que el baloncesto, el dinero y la fama jamás me habían dado, lo cual era un pelotazo en sí mismo.

Mi consumo de cocaína pasó de puntual a habitual, aunque decidí ocultárselo a mis amigos más cercanos (Greg, Alan Harris o Kamal, mi pandilla de Nueva York, se habrían alarmado de haberse enterado del nivel al que había llegado). Para ellos, tan solo era uno de los pasatiempos de mi nuevo grupo de amistades, al que tan fácilmente había permitido infiltrarse en mi círculo de confianza.

Mi colección de amigos crecía tan deprisa como mi «hobby». En algún momento de mis principios en los Lakers conocí al productor musical Scott Storch. Scott estaba en pleno apogeo como productor en Miami, y por su estudio desfilaban 50 Cent, Beyoncé, Snoop Dogg y hasta Paris Hilton. A mitad de los años 2000, cuando alcanzó la cumbre de su carrera, era uno de los productores de hip-hop más importantes y llegaba a cobrar 250.000 dólares por un solo *beat*.

Scott vivía en una mansión de diez millones de dólares en Palm Island, Florida, y poseía una flota de veinte automóviles. Era como si viviera en un videoclip. Claro que Scott tenía un gran talento para meterse a la gente en el bolsillo: les decía lo que querían escuchar. Vivía en una fiesta de veinticuatro horas que abducía, aspiraba, arremolinaba y se llevaba por delante a todo aquel que se cruzaba en su camino cual viento huracanado.

Y lo que también molaba de Scott es que era un chaval de Long Island que se había hecho a sí mismo, que había conseguido lo que nadie se imaginaba que conseguiría, sin perder un ápice de su calcárea implacabilidad neoyorquina. Lo tenía todo... cocaína incluida. Yo me pasaba horas... días... en su mansión, con montañas de cocaína por todas partes. Era una jodida versión moderna de Tony Montana.

—¡OK, estoy recargado!

Me encantaba aquella frase de *Scarface*, porque siempre recargaba.

Cuando eres un adicto en ciernes, estar rodeado de cómplices y consumidores habituales es una cosa, pero liarla con gente que tiene una voracidad narcótica superior a la tuya es como pulsar el botón de adelantar rápido de tu propia adicción.

La cocaína estaba por todas partes. Si no la estaba machacando en la mansión de Scott o en el Shore Club con peña muy famosa, me la llevaba de escaqueo a mi casa de California. Era más fácil cuando Liza y los niños no estaban de visita (Liza se había vuelto a mudar a Nueva York después de vivir en Miami). O cuando Greg y Kamal no estaban en Los Ángeles; entonces, fijo que me ponía. Yo seguía perfeccionando la típica coartada de que la farlopa no era mía. *Es para las strippers. Les doy cocaína y entonces follan. Solo quiero asegurarme de que pasen un buen rato.*

Me había convertido en un drogadicto, simple y llanamente. Había llegado a esta terrible, indeseable e inevitable conclusión prácticamente en piloto automático. Parecía que fuera mi destino. Había redactado mi CV de drogadicto antes incluso de haberme liado el primer canuto. O mejor dicho, otros lo habían redactado por mí.

Mi padre maltrataba físicamente a mi madre, mi única fuente de protección, delante de mis narices. Ella gritaba, lloraba y se revolvía. Yo estaba indefenso y me sentía como un cobarde por no hacer nada al respecto. Me arrebató cualquier poder antes incluso de que entendiera lo que significaba atesorarlo. Veía a mi madre molida a palos, y luego nos íbamos a dormir a dos pasos el uno del otro en nuestras camas supletorias, en la habitación de arriba de la casa de mi abuela Mildred, en la calle 131. Escuchaba a mi madre sufriendo para darse la vuelta en la cama. Sus suspiros impregnaban el aire como una asfixiante fumata negra que sería mucho más destructiva que todas las caladas de humo narcótico que aspiraría en mi vida.

Aquel sería uno de los traumas de los que nunca me recuperaría. No lo he hecho, a día de hoy.

El yonqui de mi padre desapareció. La gente se reía de mí cuando lo veían puesto hasta las cejas. Yo era hijo único, y cualquier percepción positiva de mí mismo me fue arrebatada antes incluso de entender que la tenía.

Me convencí de que todo lo que me pasaba era cosa del destino. Hasta que escuchaba la voz de Cathy Odom en aquellos momentos de indecisión y agonía, y me sobrevenían los escalofríos: «Lamar, tú eres tu propia luz», me decía. «Eres una luz para los demás.»

Sin embargo, en casa de Scott Storch, o en el Shore Club, aquella luz se fundió. Yo todavía ignoraba que me faltaban dos años para alcanzar el último círculo del infierno; lo bueno es que, al menos en aquel momento, me podía colocar. Hubo un fin de semana en particular en casa de Scott que volqué lo que me pareció una dosis razonable y utilicé mi tarjeta de crédito negra para hacer las rayas. Me metí una por cada orificio. Fue como si las rayas no se terminaran nunca. Tras eso, solo cabía esperar que me empezara a gotear la nariz y sentir el regusto en la garganta.

Aunque, por encima de todo, lo que más anhelaba era el subidón, el pelotazo. Es el motivo por el que te metes farlopa. Es la mejor amiga que nunca tendrás. Toda mi sangre acudía en tromba a mi polla.

Quería follar. Me levantaba a las strippers de los clubs y me las llevaba a casa. Siempre de dos en dos. Les dejaba el dinero en la cómoda, y ellas se habían esfumado a la que salía de la ducha. Lo hacía casi cada noche.

Perseguí el colocón, de pelotazo en pelotazo, deseando sentirlo como la primera vez. Si no funcionaba, me hacía otra raya. Y luego otra.

Una noche, después de pasarme horas intentando reproducir aquella primera vez, me encontré con que no tenía la menor idea de qué hora era o de cómo demonios había terminado con mis huesos en la mansión de Scott. Noté cómo me invadía una extraña sensación por todo el cuerpo. El tiempo se ralentizó. No podía tragar. Mi cuerpo estaba ardiendo. Tenía frío y luego calor. Pensaba que me estaba dando la peor náusea de la historia. Me sobrevino una oleada de ansiedad en tromba, con una violencia que no había experimentado nunca antes. El miedo me paralizó.

Intenté incorporarme. Mis 105 kilos de peso parecían aire. Me elevé del suelo... floté hacia ninguna parte y en todas direcciones. La luz se apagó y me estampé contra el suelo. No podía respirar. Tenía los ojos en blanco. Los pulmones contraídos y el corazón desbocado.

La gente empezó a entrar a la habitación a grito pelado, pero yo no escuchaba nada. Alguien me puso una toalla en la cabeza y me condujo hasta la puerta trasera del hospital de la universidad de Miami. El diagnóstico oficial fue que me había deshidratado y que había requerido suero intravenoso y líquidos para volver en mí. Era lo que había: de todo, menos la verdad.

Aunque yo sabía de sobras cuál era la verdad.

Fue mi primera sobredosis. No me morí por segundos. Por poco me mato persiguiendo el colocón.

La depresión es como un demonio que blande una espada en tu nuca a cada paso que das. Sin embargo, a la que te giras, te ignora. Lo que más te asusta es ser incapaz o no encontrar la manera de mirar al demonio a los ojos. No quieres reconocerlo. Pero está ahí.

Su presencia alimentaba mi ansiedad, pero ¿adónde podía ir?

¿Dónde escapar? ¿Cómo dormir? Todo termina repercutiendo en todo lo demás, hasta que, al final, no existe ninguna huida que funcione... ni siquiera la cocaína. O las strippers. Y sabes desde el principio que nada de lo que hagas acabará con el demonio. Siempre estará ahí. Las drogas son tu mejor defensa y tu peor enemigo.

Y yo había perdido el control.

Aquel demonio viviría a perpetuidad instalado en la nuca de un chaval de doce años. Fue entonces, a los doce, cuando lo vi por primera vez, siendo un niño desamparado. No hay nada más fácil que atormentar a un niño que no se puede defender. Pero yo ya no tengo doce años, y eso es lo más frustrante de todo. Treinta y nueve años me contemplan mientras redacto esta frase. Se supone que no tendría que estar asustado ni ser débil.

Pero lo soy.

Mi madre sigue estando muerta. Hubo momentos en que me llegué a preguntar si yo también lo estaba.

Después de la sobredosis, los médicos me imploraron que bajara el ritmo, que descansara y comiera bien. *Cuida de tu cuerpo, Lamar, es lo único que tienes.* Cuando llegué a casa me sentía como si me hubiese atropellado un camión. Me quedé postrado en cama durante días. Estaba tan débil que me sentía impotente y estaba furioso conmigo mismo por haberme permitido caer tan bajo. Me prometí centrarme y volver a encarrilar mi vida, aunque, en el fondo, lo escuchaba acercarse, supurando, esperando, llamándome. ¡Pero no! Esta vez vencería yo. No me quedaba otra.

Faltaban pocas semanas para que arrancara la pretemporada del curso 2005-06.

22

CUANDO RUDY TOMJANOVICH renunció como entrenador de los Lakers en mitad de la temporada 2004-05, la entidad estaba dispuesta a remover cielo y tierra para encontrar al candidato ideal. Sin embargo, no hizo falta buscar mucho porque Kobe Bryant solo tenía a un entrenador en mente: Phil Jackson. Kobe había rendido extremadamente bien con Jackson y quería a alguien de su confianza. Así pues, el 15 de junio de 2005, los Lakers contrataron de nuevo a Phil Jackson, apenas una temporada después de que se hubiese desvinculado del equipo.

Cuando Phil regresó a El Segundo, se trajo consigo su complejo, aunque extremadamente exitoso, triángulo ofensivo, una estrategia que había sido concebida por Tex Winter, su asistente de toda la vida. Los Bulls habían ganado seis campeonatos con aquel ataque de triple poste, y los Lakers conquistarían tres más en un periodo de doce años, así que estaba más que demostrado que funcionaba. Era una ofensiva basada en el movimiento conjunto del jugador y la pelota, y estaba diseñada para favorecer el juego en equipo sin perjuicio del talento individual, con el objetivo de facilitar la mejor opción de tiro a canasta.

Para ser sincero, al principio el triángulo me confundía, y me llevaría algo de tiempo desentrañarlo. A menudo me descubría fuera de posición, haciendo el pase equivocado o forzando el lanzamiento.

Notaba que Kobe se desesperaba; entonces él asumía la posición de entrenador y me lo explicaba. La verdad es que cuando alguien como Kobe, un tipo capaz de liderar cualquier ataque, te mostraba lo que pasaba en la pista para facilitarte el proceso de aprendizaje, las cosas se entendían más claramente.

—Te vamos a utilizar en muchas zonas —me explicó un día Kobe durante un entrenamiento—. En la zona de tiros libres, en el poste medio y en el bajo para que dinamites las defensas. Yo me voy a encontrar con un montón de defensas sobrecargadas, así que en tales situaciones, si te ofreces en el poste alto, con el talento que tienes, podrás recibir el balón, leer la jugada y hacer el pase adecuado. Jugando así, haciendo paredes como si jugáramos al hockey, ganaremos campeonatos, porque una vez ponga la pelota en tus manos, serás tú quien decida.

Kobe confiaba en mí.

Aquella sería realmente la piedra angular de nuestro gran entendimiento. Él supo leer el valor de lo que podía aportar y cómo sacármelo de dentro. Lo cierto es que adquirir la paciencia y desentrañar los espacios para que el sistema funcionara me llevaría un par de temporadas, pero no cabe duda de que los resultados finales demostrarían que la espera había merecido la pena.

El año del regreso de Phil (la temporada 2005-06) conseguimos meternos en playoffs, a pesar de que tanto Kobe como yo estuvimos lesionados. Llegamos incluso a ponernos 3-1 en la primera ronda contra los Phoenix Suns, segundos cabezas de serie. Sin embargo, al final, terminamos sucumbiendo a su profundidad de banquillo, su ritmo y a la batuta de su líder, Steve Nash, el MVP de esa temporada. Perdimos tras alargar la serie hasta el séptimo partido, pero demostramos que estábamos en el buen camino.

En primavera de 2005, Liza se quedó embarazada de nuestro tercer hijo. El nacimiento estaba previsto para el día de Navidad. Hicimos todos los preparativos necesarios para recibir al nuevo miembro de la familia, y Liza y los niños se trasladaron a Los Ángeles para que estuviéramos todos juntos en la fecha señalada.

Yo le compré un Range Rover muy barato —me costó unos nueve mil dólares— a Jason Kidd para que Liza dispusiera de más libertad para moverse con los críos.

Estaba súper contento con la llegada del bebé. El único problema es que teníamos partido en Miami el día de Navidad, de manera que me perdería el nacimiento. Sin embargo, a mitad de diciembre, durante unas fechas del calendario en que nos tocaba jugar como locales, Liza empezó a tener contracciones y fue trasladada al centro médico de la universidad de California en Los Ángeles (UCLA), en Santa Mónica, el mismo hospital donde había nacido el pequeño LJ hacía casi cuatro años.

Yo estaba convencido de que llegaría una segunda hija. Pensaba que era lo que el universo nos tenía reservado, y como no quisimos saber el sexo antes de que naciera, tampoco habíamos elegido un nombre. Para colmo, Liza y yo teníamos ideas diametralmente opuestas al respecto, lo que tampoco ayudaba.

Si era niño, mi primera opción era Luke, en honor a Luke Walton, mi compañero de equipo, con quien me unía una estrecha amistad. Me apetecía un nombre relacionado con el baloncesto. Dominique también me gustaba mucho. Pero Liza no lo veía nada claro. Ella apostaba por Jayden. Se le metió entre ceja y ceja el día en que Will Smith y Jada Pinkett Smith bautizaron a su hijo como Jaden. Además, era un nombre que serviría tanto para niño como para niña.

Jayden Joseph Odom llegó al mundo el 15 de diciembre. Lo sostuve entre mis brazos y me quedé embobado mirando sus grandes ojos marrones. La noche siguiente jugábamos en casa contra los Wizards. Anoté 14 puntos y capturé 11 rebotes, y mis pies no tocaron el suelo. No dejé de pensar ni un minuto en mi hermoso recién nacido.

Después de alumbrar a Jayden, Liza quiso hacerse una ligadura de trompas. Tenía veinticuatro años y tres hijos, y decidimos que nuestra familia había quedado completada. Sin embargo, cuando acudió a su ginecólogo, este le dijo que conocía el caso de una familia como la nuestra cuyo tercer hijo murió a los tres meses por culpa de una cardiopatía y que la madre se arrepintió de haberse hecho la ligadura. El médico insistió en que no lo hiciera, y Liza le hizo caso.

Durante gran parte de la primera mitad de 2006, la vida nos sonreía y estuvimos tan unidos como familia como en nuestros mejores tiempos. Liza era una madre joven y desbordada, y decidimos contratar a una niñera para que la ayudara con los niños. Liza matriculó a Destiny y LJ en una escuela privada de Marina del Rey, adonde los llevaría y recogería a diario. Destiny iba a la misma clase que el hijo del rapero de Brooklyn Notorius B.I.G. Su viuda, Faith Evans, también dejaba y recogía al pequeño cada día en la escuela. Cuando Destiny recibió su anuario, nos abalanzamos todos para ver al hijo del legendario Christopher Wallace. Era igual que su padre, pero más claro de piel.

En junio de 2006 falleció mi tía Sandy. Era la tercera hija de la abuela Mildred. Liza, los niños y yo regresamos a Nueva York a mitad de temporada para dar el pésame.

El verano anterior nos habíamos comprado una casa en Atlantic Beach, un pueblo escondido del litoral neoyorquino, a medio camino entre Queens y Long Island. El plan era que, al terminar la temporada, Liza se quedara allí con los niños.

Liza siempre se quejaba de que yo me esfumaba en verano, y la verdad es que desaparecía, me largaba a Miami o a cualquier extremo remoto de Nueva York. Era una de nuestras fuentes constantes de discusiones. Liza consideraba que salía demasiado con mis colegas por la ciudad, y así era, aunque también es verdad que siempre la llamaba para preguntar si todo iba bien. Pero mi ausencia física era un problema. Ella quería tenerme en casa, y yo quería estar en la ciudad.

Después del funeral de mi tía nos instalamos en la casa de Atlantic Beach para pasar allí el verano. La madre de Liza se mudó con nosotros para ayudar con los niños. Liza puso a Jayden en la habitación contigua a la nuestra, que disponía de un monitor de bebé para vigilarle.

La mañana del 29 de junio Liza se despertó y se fue a ver a Jayden, como había hecho cada día desde su nacimiento. Le preparó un biberón y entró en el dormitorio. Jayden estaba inmóvil, con las sábanas en idéntica posición a la noche anterior. Liza se sintió feliz. Advirtió que Jayden estaba tumbado boca abajo, lo cual era un poco inusual, pero seguía durmiendo y parecía tranquilo, así que no se preocupó.

Bajó las escaleras y saludó a su madre, que estaba en la cocina. Había una cafetera sobre la encimera. El olor a descafeinado flotaba en el aire y los rayos de sol se filtraban a través de la ventana panorámica e inundaban la cocina de luz natural.

—Buenos días —dijo Liza alegremente.

—¿Cómo está Jayden? —preguntó su madre—. ¿Está bien?

Liza se quedó paralizada. Se le heló la sangre. *¿Por qué no iba a estar bien?*

Dejó caer la taza de café y salió disparada escaleras arriba, subiendo los peldaños de dos en dos. Irrumpió en el dormitorio de Jayden. Seguía tendido en idéntica posición, las sábanas envolviéndole intactas. Liza lo agarró y le dio media vuelta.

Tenía el rostro azul oscuro. No respiraba.

Liza se puso a gritar presa de la histeria. Su madre, que era enfermera, tomó a Jayden en brazos inmediatamente.

—¡Llama al 911! —gritó la madre de Liza, que marcó frenéticamente los números.

El operador al otro lado del teléfono se mostró frío y distante. Liza recordaría durante años su frialdad. Pese a todo, ambulancia y bomberos se personaron en cuestión de minutos. Los enfermeros de urgencias médicas entraron rápidamente, subieron las escaleras a toda prisa y metieron a Jayden inmediatamente en la ambulancia. Liza y su madre no paraban de gritar. Todavía estaban en pijama.

«No hay tiempo que perder, no podemos esperarlas», dijo el enfermero de urgencias mientras la ambulancia salía pitando. Un agente de policía se ofreció a acompañarlas en su coche patrulla y las condujo hasta el hospital.

Yo llevaba toda la noche de fiesta en Manhattan cuando Liza me llamó desde la parte trasera del coche patrulla.

—¡A Jayden le ha pasado algo! —gritó al teléfono.

—¿Qué? —respondí yo aturdido—. ¿Qué le ha pasado a LJ?

—¡No! ¡A Jayden!

—No entiendo. ¿Qué pasa con LJ?

Por algún motivo, no me entraba en la cabeza que hubiese ningún problema con nuestro recién nacido. No era capaz de asimilar lo que estaba sucediendo. Me vestí y recorrí el largo trayecto hasta la clínica de la maternidad de South Nassau, donde se había reunido toda nuestra familia. Liza y su madre habían llamado a tías, hermanos, hermanas y primas.

A mí me terminó acercando mi primo Sherrod, y parecía como si hubiera tráfico y obras en cada calle por la que doblábamos. Nos llevó una eternidad llegar al hospital. No podía dejar de pensar en que no había estado al lado de Liza cuando más me necesitaba.

Al final fui el último en llegar a la clínica. Me condujeron rápidamente a la habitación privada donde Liza estaba esperando. La habitación estaba helada y Liza estaba envuelta en una manta del hospital. Lo único que sabíamos es que lo estaban sometiendo a pruebas. Fue todo lo que nos dijeron. Quince minutos después de mi llegada, una doctora entró en la habitación y tomó a Liza de la mano. Tenía la mirada empañada.

—Lo siento —le dijo—. Yo también he pasado por la muerte súbita como madre.

Muerte súbita.

Era la primera vez que escuchaba aquel término. No sabía lo que era. Jayden había fallecido víctima del síndrome de la muerte súbita infantil (SMIS), es decir, cuando un recién nacido de menos de un año muere por circunstancias desconocidas, normalmente en su cuna. Los médicos creen que las posibilidades de muerte súbita son menos habituales cuando los bebés duermen boca arriba. Liza lo había acostado boca arriba. Cuando lo encontró por la mañana estaba boca abajo.

Aquello no tenía ningún sentido. ¿Cómo era posible que un bebé falleciera en su cuna de repente? Esto no podía estar pasando. Yo me quedé aturdido, entumecido, prácticamente insensibilizado. No me podía mover.

En aquel momento no lloré. Ni al día siguiente. No lloré la muerte de Jayden en tres años. Pensaba que si lo hacía, su muerte se haría real. No lloré para que pudiera vivir.

La doctora trajo a Jayden a la habitación para que Liza y yo pudiéramos abrazarlo por última vez. Se lo dio a Liza. Lo abrazó con fuerza mientras sollozaba.

—¿Quieres sostenerlo? —me preguntó entre lágrimas.

Lo tomé en brazos y me quedé inmediatamente conmocionado por lo mucho que pesaba. Su cuerpo estaba frío. Parecía estar en paz, pero no se movía. Lo acerqué más a mí, estreché su pequeño cuerpo contra mi pecho y me incliné hacia él. Me balanceé con el cuerpo de mi hijo entre mis brazos. Era incapaz de pensar nada, y mucho menos de retener ningún pensamiento.

Estaba perdido. Se lo devolví a Liza, que lo sostuvo entre sus brazos como si fuera la primera vez.

Aquella noche, después de que Liza se acostara, me quedé sentado en el porche delantero de nuestro hogar en compañía de Greg y unos cuantos amigos. Estaba aturdido y me puse a hablar a toda velocidad. Hablé de cosas de las que nunca había hablado y de las que no he vuelto a hablar desde entonces, como inaugurar un restaurante, abrir un concesionario de coches, aprender a tocar un instrumento, viajar a la India. No podía controlar los pensamientos. Mi hijo estaba muerto.

Los días posteriores fueron como una nebulosa. No podía escapar de lo que le estaba pasando a mi familia. Como hombre, me tocaba dar un paso al frente. Había cosas de las que solo podía encargarme yo. Al día siguiente volví al hospital y gestioné los trámites de la autopsia, convoqué reuniones familiares en casa y ultimé los arreglos para el funeral.

Todo el mundo vive la muerte de manera distinta. Liza pasó mucho tiempo en su habitación. No quería saber nada de nadie que viniera a dar el pésame. Quería estar sola. Hubo quien sí subió a verla y se pasó algunos minutos hablando con ella. Yo procuré recibir a todo el mundo. Les daba la bienvenida y les mostraba la casa. Incluso acompañé a varias personas arriba para mostrarles la habitación de Jayden. Liza salió de nuestro dormitorio y se puso a gritarme enfadada.

—¡Esto no es un museo!

Acto seguido cerró la puerta de un portazo.

No quería que nadie viera la habitación de Jayden. Se sentía ultrajada. Yo me disculpé rápidamente desde el otro lado de la puerta y volví a bajar.

Tras la muerte de Jayden, Liza estuvo muy triste y sufrió de ansiedad nerviosa. A menudo se encerraba en la sala de máquinas que teníamos en el segundo piso de la casa y se pasaba horas caminando en la cinta. Teníamos una televisión colgada en la pared de nuestra habitación. Un día, mientras la estábamos viendo, nos topamos con una publicidad religiosa. Al final del anuncio, en letras violetas (su color favorito) se leía la inscripción «Jesús te ama». Para Liza aquello era una señal. Se emocionó tanto que se desplomó sobre el suelo del dormitorio.

En las semanas posteriores, no era ella. A los dos nos costaba comunicarnos y nos empezamos a distanciar. Pero no podía permitirlo. De ninguna manera, y menos en aquel momento. Tenía que ser fuerte. Tenía que ser un roca. Durante su duelo, Liza hizo todo lo posible por sincerarse.

—¡¿Por qué me ha pasado esto?! —se preguntaba a grito pelado—. ¿Por qué? Se supone que estas cosas no pasan. ¿Es esto en lo que me he convertido? ¿En la mujer que perdió a su hijo?

Liza reconstruyó los meses anteriores a la tragedia en su cabeza. Cuando Jay tenía dos meses y ella lo estaba amamantando, se sentía agotada todo el tiempo. Era algo que no le había pasado ni con Destiny ni con LJ.

Disfrútalo, se decía a sí misma. *Este será probablemente tu último hijo. Disfruta el momento y no te preocupes de cuán cansada te sientes.*

Enterramos a nuestro hijo el 5 de julio, en el cementerio de Knolls, en Port Washington, Long Island. El cortejo fúnebre lo conformaron decenas de coches, y más de cien personas acudieron a darle el último adiós a mi hijo. Su restos descansan junto a los de mi madre, Cathy.

Jayden Joseph Odom tenía seis meses.

En agosto regresé a Los Ángeles. Liza no se sentía preparada para dejar Nueva York, aunque tampoco quería seguir viviendo en nuestra residencia de Atlantic Beach. Vendimos la casa y la familia se trasladó a un apartamento en Manhattan. Lo primero que hice a mi regreso fue vender la casa de Marina del Rey. Ya no podía seguir viviendo allí. Era la casa donde había nacido Jayden. Habíamos instalado su cuna en nuestro dormitorio, y no me sentía con fuerzas de seguir durmiendo en aquel cuarto: la cuna seguía allí.

Arrastré el colchón extragrande de la habitación escaleras abajo y lo puse en el suelo del salón. Dormí allí durante las dos semanas que la casa estuvo a la venta. Poco después, me mudé con Greg a una casa en Manhattan Beach, cerca del recinto de entrenamiento de los Lakers.

Durante gran parte de nuestra relación de pareja, ni Liza ni yo tuvimos el don de la comunicación. Tras la muerte de Jayden, ella se cerró en banda y lo que quedaba de nuestra relación empezó a disolverse. Mientras ella se refugiaba en lo espiritual, yo me tiré a las drogas. Nunca hablamos de mi consumo de estupefacientes. La única vez que me había drogado delante de ella había sido hacía un año, cuando me tomé un éxtasis en su presencia. Ahora, sin embargo, mi consumo de cocaína empezaba a írseme de las manos. Estaba tomando más que nunca.

No quería parar. Sabía que no podría. Estaba a cinco mil kilómetros de mi familia. Le escribí un mensaje de texto a Liza. Fue la única vez que hablamos de drogas. El mensaje leía: «La cocaína nunca me dejará».

Como ya habéis descubierto, yo no tenía ningún problema en pasarme horas encerrado solo en mi habitación. A mis amigos más cercanos ni siquiera se les hacía raro, por mucho que viviera en una casa que siempre estaba llena de gente. Sabían que me hacía falta pasar tiempo solo para equilibrarme. Habida cuenta del imparable drama en que vivía, disponer de mi espacio era algo importante para mí. Sin embargo, mi encierro no tardaría demasiado en convertirse en una manera idónea de enmascarar la adicción. Una vez me encerraba en mi habitación, sabía que nadie me importunaría.

Mi capacidad para consumir delante de las narices de mis colegas resultaba significativa por una razón de peso: muy raramente lo sospechaban o me preguntaban al respecto. Me podía colocar tranquilo, aunque ya había sido suspendido en dos ocasiones por consumo de marihuana. La política de triple sanción de la NBA prohíbe terminantemente el consumo de «sustancias adictivas», como cocaína, heroína, LSD y anfetaminas, entre otras. Si das positivo en tres controles y uno de esos controles es por consumo de una droga dura, se te prohíbe jugar de por vida en la NBA. Cabe la posibilidad de que se te readmita al cabo de dos años, aunque no es para nada el mejor de los panoramas.

A lo largo de los años, se habían registrado once casos de jugadores inhabilitados por consumo de sustancias prohibidas, casi siempre cocaína. De esos once, cinco habían conseguido ser finalmente readmitidos, y en su mayoría, a su regreso, pasaron por la liga sin pena ni gloria.

Yo había fumado marihuana un montón de veces después de haber dado positivo con los Clippers por segunda vez: en los veranos en que sabía que no me caería ningún control fumaba a diario, de hecho. Con los Lakers, empecé a consumir cocaína antes de los entrenamientos y después de los partidos. Si me descubrían, habría echado mi carrera por la borda a los veinticinco años.

Una noche, a principios de la temporada 2006-07, mi tercera con los Lakers, me llamó el jefe de entrenadores del equipo, Gary Vitti, sobre las nueve de la noche.

—Lamar, tenemos control sorpresa mañana —me dijo Vitti—. Te quiero aquí a las ocho en punto de la mañana.

Hostia puta.

Por poco se me para el corazón.

Cada año te someten a tres controles, y nunca sabes cuando te caerán. Durante la temporada, yo me la jugaba diciéndome que no me someterían a un control veinticuatro horas después de haber consumido cocaína, puesto que tal es el tiempo que tardas en eliminarla de tu organismo. En aquel momento consumía cocaína unas tres veces por semana. Me la estaba jugando a saco. De hecho, justo cuando me llamó Vitti, estaba colocado. Lo cual era la prueba de que me la había jugado demasiadas veces. Llegados a este punto, os pido que toméis aire y os pongáis en mi piel: resulta que estás colocado y al teléfono con el tipo cuyo trabajo consiste en comunicarte que tienes un control antidopaje a primera hora de la mañana. Parece una tontería, y lo es cuando no consumes drogas; claro que para un drogadicto aquello podía significar el fin del mundo o, en última instancia, podía evaporar en cuestión de segundos los cien millones de dólares que proyectaba ganar en los próximos años.

Colgué y le conté a Greg que teníamos un problema.

—Tengo un control mañana por la mañana y me acabo de meter un éxtasis —le dije.

—¿Estás seguro? —respondió como si sospechara algo—. Lamar, esto no es algo con lo que nos la podamos jugar.

Sabía que no me creía, pero no tenía la menor idea de mi adicción a la cocaína, así que tampoco es que pudiera sacarse ninguna acusación de la chistera. Yo estaba acojonado. Creía que podría deshacerme de aquel marronazo a base de mentiras. No quería ni que Greg ni nadie se enterara de lo que hacía a escondidas. En nuestro grupo todo el mundo llevaba fumando hierba desde el instituto, pero nada más. Todo el mundo condenaba las drogas duras. Éramos deportistas, no hacíamos esas cosas.

—Solo éxtasis y hierba —mentí.

No había un momento que perder. Llamamos al doctor Robbie Davis. Nos apostamos alrededor del ordenador. Empezamos buscando el tiempo de evacuación de las pastillas de éxtasis del organismo: entre unas veinticuatro y cuarenta y ocho horas. Como mínimo. Malas noticias.

Cuando un jugador no se presentaba al control, el reglamento de la NBA lo interpretaba como un positivo. Una tercera sanción y mi carrera estaría acabada, al menos durante un par de años. Necesitaba ayuda, así que llamé a Jeff, mi agente, y se nos ocurrió un plan. Decidimos que se había declarado una nueva emergencia familiar en Nueva York y que tenía que volar inmediatamente. La muerte de mi hijo todavía estaba fresca, de manera que tampoco era tan descabellado pensar que estábamos atravesando un mal momento, claro que era necesario que contáramos una historia sin contradicciones, y para eso había que comprobar hasta el último detalle. Llamé a Liza y le dije que se quedara con los críos en casa, que no los llevara a la escuela. Teníamos que comportarnos como si hubiese sucedido una tragedia.

Alguien se encargó de llamar al director general de los Lakers, Mitch Kupchak, para informarle de que se había producido otra tragedia familiar en el hogar de los Odom.

A medianoche, tres horas después de la llamada de Vitti, Greg, Robbie y yo nos embarcamos en un jet privado rumbo a Nueva York. Me pasé el vuelo bebiendo una mezcla de zumo de arándanos y agua en un intento desesperado por depurar mi organismo de cualquier rastro de cocaína. Llegamos a Nueva York sobre las cinco de la madrugada y nos dirigimos directamente a casa de Liza, donde yo me iba a ocupar del problema familiar imaginario, me pasaría uno o dos días sin llamar la atención y regresaría a tiempo para el siguiente partido.

Sin embargo, la NBA no se tragó el bulo. Un funcionario de la liga se desplazó hasta casa de Liza para interceptarme y obtener mi muestra.

Estaba tan nervioso que tardé dos horas en rellenar el recipiente. Gracias a mis esfuerzos por depurar el organismo, la orina salió tan clara como el agua. El funcionario llevó a cabo un rápido examen, pero los resultados no eran concluyentes, así que solicitó una segunda muestra. Lo último que queríamos es que se quedara esperando en el apartamento, así que lo mandamos a esperar abajo hasta que yo estuviera preparado para volver a mear.

Seguí bebiendo el brebaje de arándanos. Cuatro horas después estaba listo para orinar. El representante de la NBA volvió a subir, puesto que, como no podía ser de otra manera, tenía que estar presente en el momento en que evacuara la muestra de mi organismo. Para entonces, el tipo llevaba ya nueve horas en Nueva York. Era como si estuviéramos jugando una partida de ajedrez en la que él no podía mover ficha. No había comido, ni siquiera llegó a sentarse durante todo el tiempo que estuvo allí. La segunda vez que meé el líquido volvió a fluir tan claro como el agua. El funcionario regresó a las oficinas de la liga e informó que el control se había realizado. Los resultados fueron de nuevo no concluyentes, lo cual, en aquel momento, fue suficiente para absolverme.

Me había vuelto a librar de otro marrón, otro de los muchos que se interpondrían en mi camino.

Durante todas y cada una de mis primeras temporadas en los Lakers, tanto mi juego como el éxito del equipo no dejaron de cotizar al alza, y en 2008 completaría una de las mejores temporadas de mi vida, tanto a nivel personal como profesional. El 1 de febrero de 2008 se produjo uno de los traspasos más significativos de la historia de la NBA. Los Memphis Grizzlies aceptaron transferir a su pívot Pau Gasol, que para entonces era ya todo un consagrado All-Star, a cambio de Kwame Brown, Javaris Crittenton, Aaron Mackie y los derechos de Marc, el hermano de Pau. Aquel movimiento convirtió automáticamente a los Lakers en candidatos al título.

Pau tenía entonces veintisiete años y se había ganado a pulso ser considerado el mejor jugador de la historia de los Memphis Grizzlies. Así lo atestiguaban los doce récords absolutos de la franquicia que ostentaba, entre ellos el de partidos jugados, el de puntos anotados, el de rebotes capturados y el de tapones. La incorporación de Pau, y la de Andrew Bynum, un jovencito de veinte años que empezaba a despuntar, además de mi presencia, convertiría a los Lakers en uno de los equipos más altos y versátiles de la historia de la NBA.

Aquella temporada alcanzamos la apoteósica cifra de cincuenta y siete victorias y terminamos primeros de la Conferencia Oeste por primera vez en casi una década. Después de aplastar a todos nuestros rivales nos plantamos en la finalísima de la NBA, donde nos esperaban los Boston Celtics, un duelo que reavivaría una de las rivalidades más legendarias de la historia de la competición. En aquel momento, entre ambas franquicias sumábamos treinta anillos de la NBA. La final sería una de las más competidas en años, y cuatro de los cinco primeros partidos se resolvieron por diferencias de seis o menos puntos. Hasta que llegó el sexto partido.

La serie estaba 3-2 a favor de los Celtics, cuando todo se fue al garete. El reverenciado tridente de los Celtics, el Big Three, formado por Kevin Garnett, Paul Pierce y Ray Allen, nos maniató. Fueron más rápidos en cada balón suelto y dominaron los tableros. Allen pulverizó el récord de triples, con siete canastas, mientras que su base, Rajon Rondo, estuvo inspiradísimo en todos los frentes y completó una estadística de 21 puntos, 8 rebotes, 7 asistencias y 6 tapones. El público concentrado en el TD Garden de los Celtics enloqueció mientras el equipo celebraba sobre su propio parqué la consecución del primer título en veintidós años. Caímos por 39 puntos, la mayor diferencia registrada en la historia de las Finales de la NBA.

Yo estaba emocionadísimo de haber cumplido el sueño de jugar unas Finales de la NBA, aunque también estaba abatido por haber perdido. Así que procuré no rayarme con la derrota y me sentí agradecido por haber alcanzado la cumbre del baloncesto profesional. Además, me entusiasmaba pensar en todo lo que me quedaba por delante.

Fue un final demoledor para una temporada memorable. El vuelo de regreso a Los Ángeles se me hizo interminable. Hasta que cerré los ojos y me quedé frito.

23

A FINALES DE 2008 CONOCÍ a la actriz Taraji P. Henson en una fiesta de HBO celebrada en Hollywood. Era la clásica velada de brillo y glamur, con gente guapa vestida como si acabara de salir de las páginas satinadas de una revista de moda.

A mitad de la noche, Kevin Hart se acercó a mi mesa.

—¿Qué pasa, Lamar? —me dijo—. Quiero presentarte a alguien.

—¿A quién? —le pregunté.

—Tío, confía en mí. Seguro que no te arrepentirás.

Me incorporé y caminé hasta la mesa de Kevin, donde me presentó a Taraji. Enseguida nos pusimos a hablar. Al igual que la mayoría de las mujeres a las que he conocido, le sacaba tres cabezas y tenía que inclinarme a saco para susurrarle cosas al oído.

Era una mujer con los pies en el suelo y me estuvo hablando de ella —de su juventud en Washington D. C., sus años como estudiante en la universidad Howard, su trabajo actual—; vaya, ya sabéis, la típica charla nerviosa en que dos personas sonríen abiertamente e intentan calibrarse. Taraji tenía algo. Su corazón era puro, lo noté al instante. Me hizo sentir cómodo y enseguida nos llevamos bien. A decir verdad, no recordaba de qué me sonaba porque no suelo ver muchas películas, pero me avergonzaba demasiado confesarlo. Hasta que lo recordé: había saltado a la fama con *Baby Boy*, la película de John Singleton de 2001.

Al final intercambiamos números de teléfono. Taraji era nueve años mayor que yo y no se le escapaba una. Era súper inteligente y caló enseguida todas mis estrategias de seducción. Se negaba a ser una conquista más, y la verdad es que yo tampoco quería que lo fuera. No tardamos en empezar a quedar en secreto, y nos enamoramos rápidamente. Nos poníamos cachondos súper deprisa. Aquella resultaría ser una de las épocas más felices de mi vida. En aquel momento, Liza y yo llevábamos más de un año separados. Es más, Liza respetaba a Taraji, y contábamos con su aprobación.

Taraji se entendió bien con todos mis amigos y a menudo se comportaba como si fuera uno más. Me presentó a su hijo de catorce años, Marcel, y empezó a venir a casa casi a diario. A veces venía con alguna de sus amigas de Hollywood, como la actriz de *Love & Basketball* Sanaa Lathan.

Fue un momento súper excitante para los dos. Los Lakers de la temporada 2008-09 fueron un vendaval y volvimos a arrasar en la División Pacífico con un balance de 31 victorias y 6 derrotas, récord absoluto de la liga. Empezábamos a pillar una velocidad que culminaría con la conquista del título de la NBA tras una sequía de siete largos años. Por su parte Taraji estaba que se salía y alcanzó una de las cumbres de su carrera tras ser nominada al Oscar a la mejor actriz de reparto por su papel en *El curioso caso de Benjamin Button*, donde interpretaba a Queenie, la madre adoptiva del personaje que interpretaba Brad Pitt.

En la noche de entrega de los Globos de Oro, Taraji y yo salimos a cenar a un restaurante con el protagonista de la película, Brad Pitt, y su esposa, Angelina Jolie.

—¿Cuánto tiempo lleváis saliendo? —preguntó Angelina con total naturalidad—. Parece que lleváis juntos toda la vida.

Nunca hubiese pensado que fuera aficionado a los deportes, pero Brad me sorprendió con sus conocimientos del juego.

—Tengo una sorpresa para ti —me dijo Taraji al terminar la cena.

La verdad es que no tenía ni idea de lo que se llevaba entre manos cuando salimos del restaurante y condujimos rumbo a Hollywood Hills. ¿Destino? La casa de Prince.

Llegamos allí como a las dos de la madrugada. A la que se abrieron las puertas fuimos recibidos por una comitiva formada por parejas de chicas que te agasajaban de pies a cabeza. Algunas de ellas se contaban entre las mujeres más hermosas que haya visto nunca en Los Ángeles. Lucían faldas ceñidas y tops totalmente negros, y sus peinados y maquillaje eran inmaculados. Su belleza intimidaría al hombre más confiado. Todo estaba diseñado con un gusto y una elegancia increíbles. Prince era súper detallista y no reparaba en gastos. Nos tomaron los abrigos, nos trajeron bebidas y nos condujeron a un salón en la parte posterior de la casa. Atravesamos pasillos de techos de seis metros y suelos de baldosas de mármol blanco flanqueados por gigantescas columnas que parecían sacadas de la mitología griega.

Cuando entramos en el salón no hubo un rostro que no reconociera. Nos sentamos. A mi izquierda estaba Whitney Houston y a mi derecha el cómico Chris Tucker. Intenté tomármelo con calma, pero no me podía creer lo cerca que estaba de Prince. Otra de las cosas que me impactó fue lo profunda que era su voz. Resultaba extraño que semejante vozarrón saliera de alguien de tan corta estatura.

Prince se quedó de pie en el centro de la estancia sujetando una guitarra eléctrica. Se puso a tocar sus grandes hits y algunas canciones que yo no había escuchado nunca, sin despeinarse. Conforme la actuación se prolongó, los invitados empezaron a hacerle peticiones. Yo no tuve agallas para formular la mía, así que le encomendé a Taraji que le pidiera «Somewhere Here on Earth». Taraji lo hizo tan alegremente, pero Prince no la tocó.

Aquella noche descubrí lo real que es toda la movida de Hollywood, y no me entraba en la cabeza estar plantado allí en medio.

Las cosas empezaron a fluir y me sentía imparable. Estaba jugando el mejor baloncesto de mi vida, los Lakers aspiraban a ganar el título de nuevo, y yo pasaba todos mis ratos libres con Taraji. Siempre que me enamoro deseo tener a esa persona a mi lado. Sin embargo, por cuestiones de calendario, nos embarcamos en el habitual desplazamiento anual de seis semanas como visitantes que coincidía con la gala de entrega de los premios Grammy en nuestro pabellón, el Staples Center. El viaje culminó con un choque televisado a nivel nacional en Cleveland, donde jugué mi mejor partido de la temporada, liderando al equipo con 28 puntos y 16 rebotes, y sometiendo a LeBron James a una defensa asfixiante, que le dejaría con apenas 17 puntos tras anotar solo cinco de sus veinte lanzamientos.

Pero más allá de mi actuación, yo me moría de ganas de volver con Taraji. De regreso a Los Ángeles, salimos de noche en plan pareja de Hollywood. Me presentó a sus amigos famosos y yo demostré ser el acompañante perfecto para la alfombra roja. En Hollywood, la temporada de entrega de premios va de enero a marzo, de manera que fueron dos meses pródigos en veladas y fiestas a las que asistir.

Dos semanas después, yo volvía a estar en la carretera. La noche del domingo jugábamos en Minnesota. Era la noche de los Oscars, la noche más importante de la vida de Taraji, dado que estaba nominada por su papel en *El curioso caso de Benjamin Button*. Como no puede acompañarla, se llevó a su abuela a la ceremonia.

Nosotros ganamos y yo coseché 25 puntos y 14 rebotes. Al terminar el partido me encontré con un mensaje de texto de Taraji. Decía: «No he ganado».

Las cosas no podían ir mejor, pero obviamente, encontré la manera de liarla. Dios me lo puso todo en bandeja y yo lo eché todo a perder.

Alrededor de una semana después de anotar 16 puntos y capturar 10 rebotes durante nuestra victoria en casa contra los Golden State Warriors, asistí a la celebración del veintinueve cumpleaños de mi compañero de equipo Luke Walton en el asador STK del bulevar La Cienega. En realidad todavía quedaban diez días para su cumpleaños, pero a la mañana siguiente empezábamos la gira de partidos fuera de casa más larga de la temporada. Me instalé en la zona vip durante un rato y contemplé a Luke bailando de la manera más estúpida imaginable, y a Jordan Farmar aprovechando el tiempo con una pareja de gemelas morenas. De repente, me sobrevino un irreprimible antojo de sexo y me fui de cabeza al hotel SLS, que estaba en la misma calle, con la idea de quedar con una jovencita con la que me había cruzado a primera hora de la noche.

Había vuelto a las andadas. Me sentía culpable, pero me moría por un polvo en plan aquí te pillo aquí te mato. Buscaba saciarme, así que le hice el amor a una desconocida durante cuatro horas. A la seis de la mañana siguiente estaba para el arrastre. Tuve que llamar a un taxi para no perder el vuelo de las ocho de la mañana. Llegué con el tiempo justo, y confieso que me sentía de todo menos bien. Era consciente de estar saboteando mi vida amorosa, aun cuando las cosas no podían ir mejor.

Sabía que no estaba preparado para cambiar de hábitos. Tenía veintinueve años y seguía estando en la flor de la vida.

24

A DIFERENCIA DE LO QUE HABÍA SUCEDIDO en la temporada anterior, en la 2008-09 llegamos a nuestra segunda final consecutiva habiendo conseguido el mejor balance de la temporada regular y siendo los grandes favoritos para ganar el anillo. Después de avanzar en los playoffs de la Conferencia Oeste con un balance de 12-6, nos esperaba en la final un equipo recién llegado a la cumbre, los Orlando Magic, liderados por el pívot Dwight Howard. Kobe se los merendó en el primer partido, donde registró 40 puntos, 8 rebotes y 8 asistencias, uniéndose al selecto club de Michael Jordan, Shaquille O'Neal y Jerry West, los únicos que habían registrado una estadística tan demoledora en unas Finales de la NBA.

Nuestra defensa asfixió el juego dentro-fuera de los Magic, dejando a Howard con un solo lanzamiento de campo. Los Magic hicieron algunos ajustes y mejoraron su movimiento de balón durante el resto de partidos de la serie, pero eso no impidió que los aplastáramos 4-1 y devolviéramos la corona a Los Ángeles.

Y tal que así, me convertí en campeón de la NBA. Fue una idea que no terminé de metabolizar hasta que un mes después acudí a un gimnasio de boxeo y Mike Tyson salió a mi encuentro para saludarme. Se me acercó y me soltó: «¿Qué pasa, campeón?». ¡Mike Tyson! Después del último partido de las Finales, en el vestuario visitante, una vez terminamos de celebrarlo a lo loco con el proverbial baño de champán, me quedé allí sentado, solo, en el vestuario, y las lágrimas empezaron a rodarme por las mejillas: tenía entre mis manos el trofeo Larry O'Brien de campeón de la NBA. Deslicé mis dedos por la pelota de baloncesto de oro que coronaba el trofeo. Estaba reluciente por el champán. Me vi reflejado en ella. La sostuve como si sostuviera a un recién nacido. No me hubiese desprendido nunca de aquel trofeo. Era campeón de la NBA.

Kobe caminó hacia mí, me envolvió la cabeza con la mano y me abrazó. Nunca había visto un gesto tan tierno emanar del mejor jugador de aquel deporte.

—¡Lo logramos! ¡Lo logramos! —gritó Kobe—. ¡Lo logramos, joder!

Cuando parecía que ya no quedaba champán, Kobe se puso en pie en el centro de la estancia y dijo: «Va por ti Phil, míster Diez».

Phil Jackson había conquistado su décimo campeonato y se escondía en la relativa tranquilidad del cuarto de entrenadores libre de cualquier gota de champán.

—¿Ya estáis más relajados, verdad? —preguntó Jackson con cautela—. Es hora del Padre Nuestro, ¿vale?

—Sí, ya estamos —respondió Kobe.

Y, cómo no, tan pronto como Phil se plantó en el centro del vestuario, Kobe le volcó una botella entera en la cabeza. Vaciamos unas diez botellas en cuestión de treinta segundos. Estamos hablando de la época en que los equipos todavía no habían empezado a repartir gafas de esquí entre los jugadores para impedir que el champán les escociera los ojos.

—Soy un afortunado —proclamé ante las cámaras después de cambiarme y salir hacia el autocar—. Soy una de esas personas que sabía lo que quería hacer desde que tenía nueve años de edad. Me había imaginado ganando el campeonato de la NBA. Soy un afortunado.

Y de hecho lo era. Seré campeón eternamente.

Sin embargo, lo que se suponía que iba a ser uno de los mejores días de mi vida, terminó convertido en una nebulosa de dolor y desilusión, rematada por el sordo martilleo y la angustiante culpa de otra intolerable ida de olla.

Regresamos a Los Ángeles para celebrar el título durante un par de días antes del desfile de la victoria. Lo celebré desfasando a lo bestia, aunque eso no tuviera nada de especial, puesto que siempre desfasaba a lo bestia. Supongo que esta vez lo hice más salvajemente, y con un motivo real de celebración. Pese a todo, la noche antes del desfile me quedé en casa, saqué la cocaína e invité a una hermosa jovencita a que se pasara.

A la mañana siguiente estaba tendido inconsciente sobre mi cama. Apenas recordaba nada de las últimas doce horas. Greg empezó a aporrear la puerta. Decía que teníamos que salir hacia el desfile en una hora. Todos los jugadores teníamos que personarnos en el centro de convenciones de Los Ángeles para registrarnos y subirnos al autocar desde el que íbamos a completar el trayecto del desfile.

Me llevó media hora reunir las fuerzas necesarias para desplazarme a trompicones de la cama a la puerta. La luz me quemaba en los ojos. ¿Por qué demonios hacía tanto calor allí dentro? Salí del dormitorio al vestíbulo mareado y sudoroso. Estaba completamente ido. Greg parecía cabreado. Se me quedó mirando, frunció el ceño y advirtió algo. Me estaba saliendo sangre de la nariz. Me había metido tanta farlopa que no sentía la cara. Pensaba que la sangre era sudor.

—No voy a ir al desfile —dije—. No puedo. Lo veré por televisión y ya está.

Entonces Greg me recordó quién más iba a estar allí.

—¿Qué hay de Destiny y de Lamar Jr.? —me preguntó—. ¿Te has olvidado de tus hijos?

Cielo santo. Pues sí. Hacía dos años que vivían en Los Ángeles, donde estudiaban primaria. La escuela les había concedido permiso para asistir al desfile. Estaban abajo, en la cocina, desayunando, mientras yo sangraba por la nariz en el piso de arriba. Era incapaz de sobreponerme, así que mandé a los críos de vuelta al colegio. Se quedaron desconsolados.

Sin embargo, tanto Greg como mi amigo Mack, que me hacía de conductor de vez en cuando, no iban a permitir que me perdiera el desfile, ni siquiera después de que hubiese mandado a mis hijos de vuelta a la escuela, donde iban a contarles a sus profesores y a sus compañeros que su padre estaba enfermo y que se perdería el desfile. Claro que los niños terminaron viendo el desfile por televisión del colegio, y ahí estaba yo, en la carroza. Mis hijos creían que me había quedado en casa. Parecía que me hubiese deshecho de ellos. Se quedaron avergonzados, confundidos y humillados.

—Creía que vuestro papá estaba enfermo —les dijo una maestra.

Cuando recobré la sobriedad, me di cuenta de que nunca había caído tan bajo como padre. Había antepuesto mis egoístas necesidades a la dulce inocencia de mis hijos. De repente, me entraron náuseas de la vergüenza que sentía por mí mismo. Solo deseaba esfumarme. Hacía solo una semana que había ganado mi primer anillo de la NBA, pero me sentía como si hubiesen pasado un millón de años. Lo único que quería era escapar de mi propia vida. Me registré en uno de mis hoteles favoritos, el Shutters on the Beach, en Santa Mónica, puse el aire acondicionado a todo trapo y corrí las cortinas.

Me quería colocar.

Después del desfile, empecé a asimilar la victoria en las Finales y el vuelco que había dado mi vida. Era indudable que estaba recogiendo los frutos de mi flamante popularidad mundial, pero tenía claro que todavía estaba enamorado de Taraji. Seguimos pasando mucho tiempo juntos y ella era una parte importante de mi vida, a pesar de que le era infiel.

Justo después de las Finales me contó que en julio se iría a China a rodar el *remake* de *Karate Kid*, donde había conseguido uno de los papeles protagonistas. Estaría rodando durante un mes en varias grandes ciudades, además de en la Ciudad Prohibida, en la Gran Muralla y en los montes de Wudang. Ella se obcecó con tenerme allí, a su lado, y con que compartiéramos la experiencia juntos.

Yo no quería ir, aunque sabía que no hacerlo tendría consecuencias nefastas para nuestra relación, pero todavía seguía revolcándome en las mieles de mi gran triunfo y no me apetecía pasar el verano en escenarios tan remotos, en la otra punta del mundo. ¿Qué pasaría si no lograba conseguir cocaína? O peor, ¿y si Taraji se enteraba de mi adicción?

Mi decisión la decepcionó.

A día de hoy, la sigo respetando tanto como el primer día y sé que la amé de verdad. Es una mujer increíble en todos los sentidos, y los éxitos que está cosechando actualmente, desde *Empire* a *Hidden Figures*, no me sorprenden en lo más mínimo. Todo lo que pueda decir sobre su importancia para la gente y la cultura negra sería insuficiente.

No creo que nunca haya conectado con una mujer negra tan profundamente como conecté con Taraji. A decir verdad, eso fue lo que más me dolió cuando rompimos, poco después de que yo decidiera no acompañarla a China. Existe el estereotipo cultural de que los deportistas negros salen con mujeres blancas. Yo encontré a una hermana hermosa y exitosa a cuyo lado me sentía orgulloso. El problema es que conocí a Taraji en el momento equivocado de mi vida.

Nuestra última conversación telefónica fue breve. Le prometí que lo retomaríamos donde lo habíamos dejado cuando regresara, pero presentí que, en el fondo, ella sabía que lo nuestro estaba sentenciado. Me quedé tirado al colgar porque sabía que estaba dejando escapar a una gran mujer. Fue la última vez que hablé con ella.

25

ME PASÉ EL VERANO DE 2009 saboreando las mieles de la conquista del campeonato con los Lakers. Volvía a estar soltero y sin compromiso, y con unas ganas locas de conocer a otras mujeres. A finales de agosto, mi flamante compañero en los Lakers y viejo colega neoyorquino Ron Artest celebró su fiesta de bienvenida a Los Ángeles en el club Halo, en Hollywood. Mientras caminaba por la alfombra roja enfundado en una fardona camisa morada con las mangas arremangadas hasta los codos, como siempre me ha gustado, presentí que el ambiente estaba cargado de excitación.

Hice acto de presencia con una hermosa jovencita a la que hacía años que conocía agarrada del brazo. Teníamos una relación muy práctica: cada vez que uno de los dos necesitaba compañía o una pareja para asistir a cualquier evento, llamaba al otro. Me tropecé con Ron, que estaba arrebatador: llevaba un blazer granate de terciopelo aplastado y gafas de sol. El espíritu de Queens flotaba en el ambiente.

Llevaríamos allí una hora, cuando advertí a un tipo que no paraba de mirarme. Hizo ademán de acercarse, probablemente para hablar de baloncesto o hacerse una foto. Conforme se aproximaba, me di cuenta de que era Rob Kardashian. Yo no era muy de ver tele, aunque había visto lo justo como para reconocerlo. Me acordaba de su gorra azul de los Dodgers, que siempre llevaba del revés.

Terminamos en su reservado. A dos palmos de mí había una mujer de enormes ojazos. Me atrajo desde el primer momento. Nos pusimos a hablar y enseguida hicimos buenas migas. Me dijo que se llamaba Khloé. No podía dejar de mirarla a los ojos ni de pensar en lo mucho que me recordaban a los de mi madre. Aunque, en realidad, lo que estaba haciendo era comerle la cabeza con historias que ya le habrían contado cincuenta mil veces. Solo tenía una pregunta entre ceja y ceja: ¿Cómo tendré que montármelo para llevármela al hotel y tirármela?

De acuerdo, perdonadme, o sea, no tenía la menor idea de que tenía delante de mis narices a mi futura esposa, no tenía ni idea de que me iba a enamorar irremediablemente de ella. Solo estaba haciendo lo que siempre había hecho: seducir. Claro que, según parece, ella se estaba quedando igual de pillada que yo, y aceptó mi invitación de acompañarme al hotel. Tardamos quince minutos en llegar a mi habitación, y yo no dejaba de pensar que todo estaba fluyendo con demasiada facilidad.

Una vez en la habitación, me metí en la cama de un salto y le hice señas para que se acercara. Ella se deshizo de sus zapatos Louboutin, se deslizó hasta mi lado y nos quedamos acurrucados. Tan pronto como mis manos cobraron vida, ella se zafó de ellas rápidamente.

—¿Qué estás haciendo? —me preguntó—. Te acabo de conocer.

Enseguida quedó claro que no iba a pasar nada. A mí me pareció bien. Hablamos durante horas. Serían las cuatro de la madrugada cuando me dio su número teléfono, llamó a un taxi, me besó en la mejilla y desapareció.

Al día siguiente, quedamos para ir a cenar a Bottega Louie, un restaurante italiano del centro de Los Ángeles, cerca de un apartamento que yo tenía en la zona y que me permitía ir andando al Staples Center en los días de partido. La conversación fluyó tan bien como la noche anterior. Enseguida me di cuenta de lo inteligente y considerada que era. A diferencia de mí, Khloé era siempre puntual y nunca dejaba plantadas a sus citas. Solo por eso, ya la amaba; es más, deseaba que me contagiara aquellas virtudes. Tenía también una entrañable modalidad de trastorno obsesivo compulsivo (TOC) que la hacía del todo intolerante frente a cualquier tipo de desorden en su casa: se pasaba el tiempo ordenando todas las cosas que yo desordenaba a mi paso. No soy la persona más ordenada del mundo. Me lleva menos de un día convertir las habitaciones de hotel en zonas catastróficas. Khloé era inflexible con aquel comportamiento. Fue la primera chica con la que me pasó, y me pareció súper sexy.

Las cosas empezaron a precipitarse a una velocidad insospechada. Jamás me hubiese imaginado que nuestros sentimientos, nuestros deseos, nuestros espíritus y nuestro amor se fundirían y conectarían de aquella manera. Durante el siguiente mes, prácticamente no nos separamos ni un solo momento. Y cuando no estábamos juntos, nos escribíamos mensajes o nos llamábamos para planear la próxima cita.

Khloé me presentó a su familia, y aunque yo había visto su serie televisiva, *Keeping Up with the Kardashians*, alguna que otra vez, me quedé de piedra con lo estrechamente unida que estaba. Tenían sus broncas y sus discusiones, como todo el mundo, pero el amor siempre terminaba imponiéndose. Yo nunca había tenido una familia estable, y a mis treinta años era algo que seguía anhelando con todas mis fuerzas. Siempre había deseado tener hermanos y hermanas, y, de repente, tenía cinco. De la noche a la mañana, un montón de mis carencias vitales se vieron colmadas.

Estar con Khloé me hizo sentir como parte de una familia. Para mí supuso algo tan importante que no puedo expresarlo en palabras. Integrarme en la vida de Khloé y conocer a todos y cada uno de los miembros de la familia Kardashian es una de las cosas de las que más me enorgullezco de toda mi vida. Ocupa el peldaño más alto, al mismo nivel que ganar un anillo de la NBA y tener hijos.

Khloé y yo nos casamos en septiembre de 2009. Solo llevábamos saliendo un mes, pero sabíamos que no nos estábamos equivocando, aunque, paradójicamente, coincidió con la época en que me zambulliría todavía más en las drogas duras y con el momento en que mis amigos más cercanos empezaron a tomar rumbos distintos.

Greg y yo habíamos empezado a distanciarnos. Mudarme con Khloé supuso dejar de vivir con Greg por primera vez desde mi tercera temporada en los Clippers. Mantuvimos nuestro vínculo profesional, aunque él estaba muy preocupado por mi consumo de drogas y por las compañías que frecuentaba. Nos distanciamos, y a pesar de que, de una forma u otra, nunca perderíamos el contacto, apenas volví a verle. El hecho de que Greg y Khloé nunca se entendieran tampoco ayudó. Yo era incapaz de advertirlo, y no me lo tomé como un problema, pero la ruptura con mis amigos se estaba cocinando a fuego lento.

Al enamorarme de Khloé, dejé de lado y prescindí de un montón de amigos. Estaba en las nubes, aunque esa no era excusa para separarme de mis colegas. A menudo es lo que pasa cuando te casas. Tu universo se reduce. Hay alguien nuevo en tu vida que concentra casi toda tu atención, y habrá mucha gente a quien eso le siente mal. Mi universo tenía dos dimensiones: o me colocaba o estaba con Khloé. Y lo cierto es que el resplandor de las cámaras en la cara me nubló la realidad.

Yo me pasaba la mayor parte del tiempo en nuestra mansión de Tarzana, conociendo a mi mujer y apareciendo cada vez con más frecuencia en *Keeping Up with the Kardashians*. El nuestro fue un romance huracanado, y empezamos a ser recibidos con la alfombra roja por todo el mundo.

En febrero de 2010, los New Orleans Saints se enfrentaban a los Indianapolis Colts en la 44.ª edición de la Super Bowl. Kholé y yo invitamos a un montón de amigos a ver el partido. La intención era posibilitar que los que no se habían conocido durante los primeros meses de nuestro matrimonio tuvieran la oportunidad de pasar un rato juntos.

Cuando llegó el descanso, Greg se fue a la cocina a prepararse un combinado. Khloé se encontraba, a su vez, preparando un plato vegetariano para llevar a la mesa antes de que terminara la actuación de la media parte. Greg raramente compartía las opiniones de Khloé. De hecho, a toro pasado, reconozco que muy pocos de mis amigos lo hacían. Greg había estado a mi lado desde el principio y Khloé apenas llevaba seis meses, de manera que era comprensible que existiera cierta fricción.

—Oye Greg —dijo Khloé—. Sé que piensas que no dejo que os acerquéis a Lamar.

—Yo no pienso eso —respondió Greg.

—Déjame que hable. En serio, es algo que os quiero decir a todos, chicos —exclamó Kholé—. Si os creéis que yo tengo la potestad de decirle a Lamar lo que tiene que hacer estáis muy equivocados.

Greg sabía que a Khloé no le faltaba razón, y le pareció bien no entrar al trapo. Sin embargo, aquel se convertiría en un tema recurrente de discusión entre Khloé y algunos miembros de mi familia y mis amigos más cercanos. Yo no veía por qué nadie tenía que estar en desacuerdo, pero lo cierto es que nuestras vidas estaban cambiando a toda velocidad y creo que, a muchos niveles, todavía estábamos descubriendo quiénes éramos como personas.

Tenía claro que Khloé era mi esposa, y eso era algo que me hacía súper feliz. Durante un tiempo aquello fue toda una bendición y se convertiría, sin lugar a dudas, en la mejor época de mi vida. Éramos una de las parejas más famosas de Hollywood, y juntos hacíamos más dinero del que habíamos hecho nunca por separado en toda nuestra vida. Al principio de nuestro matrimonio yo le era fiel. Las Kardashians tenían el programa mejor valorado de la televisión, y yo era un campeón de la NBA, cuyo equipo, los Lakers, avanzaba de cabeza hacia su segundo anillo y hacia su tercera final consecutiva. Me sentía fresco y estaba abierto a todo.

En 2010, los Lakers se alzaron con su decimosexto título de la NBA tras batir a los Celtics por 4-3 en la final. A pesar de que no estuve especialmente inspirado (promedié 7,6 puntos y 6,6 rebotes en siete partidos saliendo desde el banquillo), no cabía en mí de gozo por haber conquistado mi segundo anillo. Kobe fue elegido MVP de las Finales... una vez más. Esta vez no me drogué la noche antes del desfile, y creo que mis hijos estaban orgullosos de estar a mi lado.

Khloé me dio fuerzas para disminuir mi consumo de drogas, aunque yo seguía colocándome a sus espaldas. Cada vez que sospechaba algo y me preguntaba al respecto, yo me cerraba en banda y descendía a mi madriguera particular, en el sótano de la casa.

En líneas generales, seguía avanzando viento en popa y con buenas perspectivas, cuando las cosas volvieron a torcerse.

En julio de 2010, mi primo Curtis Smith fue asesinado en Nueva

York. Tenía veinticuatro años. Fue horrible y me quedé muy tocado. Justo cuando pensaba que me había librado del oscuro aliento de la muerte en el cogote, cuando empezaba a disfrutar de una vida pródiga en días luminosos, va y pasa esto. La marea de dolor me arrastró hasta la orilla anímica de la muerte de mi pequeño. Durante el funeral de Curtis, casi no pude hablar. Allí me di cuenta de que la muerte de mi hijo había sido tan traumática, tan paralizante, que nunca la había llorado. Me quedé anestesiado, como un zombi. La muerte de Curtis fue un detonante. A pesar de que habían pasado casi cuatro años entre las dos muertes, fue como estar de luto por dos pérdidas simultáneas.

Siempre que acababa la temporada de baloncesto y regresaba a Nueva York, conducía hasta las casas de protección oficial donde vivía Curtis, justo al salir de la autovía Franklin D. Roosevelt East River, para ver cómo estaba. Nos quedábamos sentados en el sofá y fumábamos e intercambiábamos historias sobre mujeres y sobre la vida en la NBA. Yo le daba el dinero que llevaba encima. Curtis veía siempre el lado positivo de la vida y tenía una risa brutal. Solíamos llamarle la Estrella. Estábamos increíblemente unidos, y fue como perder una parte de mí.

Durante mi visita a Nueva York para asistir al funeral, alquilé un coche para desplazarme por la ciudad. Un día, cuando conducía hacia casa después de cortarme el pelo en una barbería, el coche chocó contra una motocicleta, y esta, a su vez, atropelló a un chaval de quince años que caminaba calle abajo. Sucedió todo a cuatro manzanas del barrio donde había crecido. El joven sufrió heridas muy graves y murió al día siguiente. Yo salí del coche tras el impacto y lo vi tendido en el suelo. Ver su cuerpo casi exangüe era más de lo que podía soportar, y rompí a llorar.

No dejaba de preguntarme por qué había pasado. ¿Qué motivo tendría Dios para llevárselo? ¿Qué es lo que había desencadenado semejante sucesión de tragedias? Me sentí impotente, incapaz de controlar lo que sucedía a mi alrededor. Ni siquiera me había despedido todavía de mi primo. Aquella noche recé durante horas por la memoria de aquel niño. Siempre pienso en él.

Hice todo lo posible por no caer de nuevo en las drogas ni dejarme arrastrar por su espiral de autodestrucción. Khloé me apoyó un montón y estuvo a mi lado en todo momento. Necesitaba tiempo para cicatrizar las heridas y tomé una decisión: fortalecerme física y mentalmente, consagrarme al baloncesto en cuerpo y alma. A finales de aquel verano me puse a entrenar como nunca. Empecé a ir a clases de boxeo para mejorar la coordinación, los reflejos y la resistencia en general. Me sentía fuerte y rápido. Tenía la cabeza despejada. Estaba resuelto a realizar una gran temporada... Y así fue. Con Andrew Bynum lesionado a principio de la temporada 2010-11, salí en tromba y lideré a los Lakers en un arranque espectacular: 13-2. Sin embargo, la temporada terminaría de manera decepcionante, después de que los Mavericks nos barrieran 4-0 en la segunda ronda de los playoffs. Era la primera vez en doce años que alguien se deshacía de los Lakers en los playoffs sin que ganaran un solo partido de la serie.

Yo sumé 29 puntos, 20 rebotes, 6 asistencias y 4 tapones en mi mejor partido de la temporada, y después de promediar 14 puntos, 8,7 rebotes y 3 asistencias, fui elegido mejor Sexto Hombre de la NBA, una distinción reservada al mejor suplente del año. Fue el mayor galardón que conquistaría en toda mi carrera y resultó increíblemente catártico. Fue como mi All-Star particular, como conquistar mi propio MVP. Y fue, sobre todo, mi manera de sobreponerme a la tragedia. Me sentía orgulloso. Estaba convencido de que aguantaría con entereza la rueda de prensa posterior a la obtención del galardón, pero no fue así: rompí a llorar.

«Hay mucha gente que no sabe que Lamar Odom es el jugador más popular en el vestuario», afirmó Mitch Kupchak, director general de los Lakers en la rueda de prensa celebrada en el hotel Sheratons Gateway de Los Ángeles. «Y no por su manera de jugar al baloncesto, sino por quién es como persona.»

Khloé estaba en primera fila sacando fotos con un teleobjetivo. Su madre, Kris Jenner, estaba sentada a la derecha de su hermano Rob. A su espalda estaban sentados nueve de mis compañeros en los Lakers, dichosos con que hubiese obtenido aquel reconocimiento.

—Ha sido un largo camino para llegar hasta aquí, y he aprendido un montón de mis compañeros —dije al subir al pódium. Fue entonces cuando me empecé a emocionar—. Soy un hombre afortunado, pero la verdad es que desearía tener aquí a un par de personas y que fueran testigos [de este momento].

Acto seguido, me abracé a Khloé, Kris, Pau Gasol y Luke Walton y me sentí querido.

A principios de aquella temporada, en enero, Khloé y yo empezamos a rodar nuestro propia secuela de *Keeping Up with the Kardashians*, bautizada como *Khloé & Lamar*, así que, sin comerlo ni beberlo, me encontré con dos trabajos. Eso significaba que Khloé y yo teníamos que estar juntos todo el rato, lo cual me encantaba. Sin embargo, me llevaría un tiempo acostumbrarme a la presencia constante de las cámaras. Ya fuera con los Lakers o con Khloé, me pasaba la vida trabajando. Llevaba más de la mitad de mi existencia en el candelero. Lo peor no era eso, sino el hecho de que sucediera en Nueva York y Los Ángeles, los dos mayores centros mediáticos del país. Pese a todo, ni nada ni nadie hubiese podido prepararme para la atención que iba a despertar como miembro de la familia Kardashian.

Ser jugador de los Lakers no me había impedido moverme libremente por la ciudad; ahora, sin embargo, me era imposible. Los *paparazzi* me seguían a todas partes: entrenamientos, cenas, eventos. Estaban apostados fuera de casa, en la entrada, y escondidos entre los matorrales. Empecé a sentirme atrapado y me preocupaba no ser capaz de sobrellevarlo: me daba miedo perder los estribos. Siempre me maravillaba la facilidad con que Khloé lo manejaba todo. Supongo que estaba acostumbrada. Me daba discursos motivacionales y me aconsejaba que hiciera oídos sordos, pero mi cabeza no funcionaba de aquella manera.

Llegó un momento en que ya no podía moverme a mis anchas. Mi consumo de drogas y las infidelidades empezaron a incrementarse, y ahora tenía además la presión añadida de las cámaras de televisión, los teleobjetivos y las videocámaras que blandían los *paparazzi*. Solo me sentía tranquilo y relajado durante los meses de temporada regular de la NBA, pues sabía que entonces había muchos lugares a los que los *paparazzi* no podrían acceder, así que estaba con muchas ganas de volver a la pista. Tenía treinta y un años y seguía aspirando a ser elegido para el All-Star con la intensidad de siempre. Era el sueño de mi vida, y si iba a suceder, tendría que ser durante la temporada 2011-12, mi decimotercera en la NBA.

Sin embargo, sucedió lo inesperado, algo completamente distinto.

26

ESTABA APALANCADO EN MI MADRIGUERA con las luces apagadas, pensando en la temporada que tenía por delante. Tenía mil movidas en la cabeza. Venía de completar una de las mejores temporadas de mi carrera y, a pesar de que empezaba a notar el peaje emocional, seguía disfrutando del rodaje de *Khloé & Lamar* porque me permitía pasar todo el tiempo junto a mi esposa.

Sin embargo, a lo largo del verano de 2001, mi consumo de cocaína se disparó y me pasé casi tres meses sin tocar balón. Llegué a la pretemporada corto de forma. No era algo que me preocupara demasiado porque sabía que, si era necesario, redoblaría mi preparación física en poco tiempo.

Me repetí una y otra vez que todo saldría bien. Una de las mejores cosas de mi madriguera es que era uno de los lugares más tranquilos donde estar a solas. Khloé raramente entraba porque sabía que era el refugio donde me quedaba solo con mis pensamientos. Había empezado a hacer meditación para despejar la cabeza y rebajar la ansiedad, que parecía haberse disparado durante el verano.

Los desencadenantes de mi derrumbamiento estaban por todas partes: la muerte de mi primo, las exigencias del programa de televisión, el inminente ocaso de mi carrera baloncestística, las drogas y las infidelidades. La tranquilidad y la soledad de mi madriguera mantenían a raya mi cordura, y me permitían resetearme a diario. Sería allí, en mi reducto de paz, donde mi vida daría un vuelco de ciento ochenta grados.

El teléfono empezó a vibrar. Comprobé quién era: Jeff Schwartz, mi agente. Cuando respondí me sorprendió con una noticia que me noqueó: los Lakers me habían traspasado a los Dallas Mavericks. Le pedí si me lo podía repetir, convencido de no haberlo entendido bien.

—Acabo de hablar con Mitch Kupchak —dijo Jeff—. Está enormemente agradecido con todo lo que has aportado a la franquicia, pero te van a traspasar.

Me quedé sin aire. Sentí una tromba de emociones ascender desde la boca del estómago. Me quedé de piedra, sentado, teléfono en mano, incapaz de hablar o de articular ningún pensamiento coherente.

Phil Jackson se había retirado definitivamente y los Lakers acababan de fichar a Mike Brown como entrenador. Brown y yo habíamos hablado no hacía ni dos semanas. Me dijo que tenía muchas ganas de trabajar conmigo, que quería mantener la llama de las últimas tres temporadas. Yo le dije que llevaba todo el verano trabajando duro. Como es natural, preferí ahorrarle que me había pasado la noche anterior esnifando cocaína.

Era evidente que Brown estaba más enterado de los tejemanejes de las altas instancias de los Lakers de lo que me había contado. Su voz rezumaba entusiasmo y sus palabras habían sido alentadoras, de manera que lo último que me esperaba es que me fueran a traspasar. Me quedaba un año de contrato y había sido el primer Laker en alzarse con el galardón al mejor Sexto Hombre. Me había montado la ingenua película de que después de todas las adversidades que había padecido en mi paso por el equipo, jamás me traspasarían.

Mi hijo de medio año había fallecido durante mi segunda temporada en los Lakers, y yo seguía haciéndome cruces para entender la muerte de mi primo. Todo el personal del club me había apoyado de manera increíble. Sin embargo, una vez más, pecaba de iluso. Me había convencido de que haber sido una piedra angular en la consecución de dos campeonatos era una garantía de que nunca me traspasarían. Estaba seguro de que la última camiseta que vestiría sería la de los Lakers. Los Ángeles era mi segunda casa, y yo me iba a retirar siendo un Laker, lo tenía clarísimo.

Nada más lejos de la realidad.

El traspaso me destruyó mentalmente, y vislumbré cómo el año más miserable y menos productivo de mi carrera me acechaba como un tren de mercancías a punto de descarrilar. Por muy sobrio y en muy buena forma que hubiese estado no habría sido capaz de aportar absolutamente nada a los Mavericks. Mi amor por el baloncesto se había esfumado. Mi naturaleza competitiva se disolvió como un azucarillo en un vaso de agua, y mi cabeza se quedó despoblada de cualquier pensamiento positivo.

Por si fuera poco, estaba por debajo de mi peso ideal, estresado y automedicado.

Por no querer ni siquiera quería saber nada de los Lakers, y aquel era un sentimiento encontrado, puesto que la franquicia era mi vida. La ira me consumía. Mitch Kupchak, el mismo individuo que había alabado mis virtudes como Mejor Sexto Hombre en la rueda de prensa de hacía cinco meses, ni siquiera tuvo la delicadeza de llamar para informarme de la situación. Adoraba a mis compañeros, pero tampoco quería saber nada de ellos. Solo hubiera contribuido a ahondar en la herida.

Nada más llegar a Dallas, conocí al propietario de los Mavericks, Mark Cuban. Nuestra primera conversación fue perfectamente rutinaria:

—Lamar, estamos súper contentos de tenerte entre nosotros —dijo Cuban—. Vienes de firmar un gran año y serás una parte fundamental de esta campaña. Me muero de ganas de veros a ti y a Dirk [Nowitzki] juntos sobre la pista.

Era pura patraña onanista. Yo era un profesional comprometido como el que más, pero solo poner un pie allí ya estaba planeando cómo fugarme. No quería estar en Dallas, simple y llanamente. Estaba tan tocado mentalmente que sabía que nunca me recuperaría, y a pesar de estar completamente ido, me vi obligado a hacer las típicas cosas que se hacen cuando te mudas a una ciudad nueva: conocí a mis nuevos compañeros, me presenté ante los socios, me aprendí el libro de jugadas, encontré un lugar donde vivir, concedí entrevistas y, para rematarlo, tenía que cumplir con mis obligaciones en *Khloé & Lamar*.

Pero decidí ser honesto y le confesé a Cuban que no estaba bien mentalmente.

—No estoy en un buen momento ahora mismo —le conté—. Dios me ha hecho pasar por muchos malos tragos y me está costando lo que no está escrito sobreponerme. Ahora mismo, no puedo hacerme cargo.

—Aquí cuidaremos de ti y te apoyaremos lo mejor que podamos —respondió Cuban—. Aquí tienes una familia.

La temporada 2011-12, con menos partidos a causa del *lockout*, fue un desastre para mí. Mi juego fue pobrísimo desde el primer salto entre dos hasta la última bocina final. No fui capaz de enlazar dos buenos partidos consecutivos. Demonios, si hasta las pasé canutas para completar un solo buen cuarto. No corrí, apenas entré en la lucha por el rebote; solo deseaba que los días y las semanas pasaran volando.

Por desgracia, aquello no sería, ni de lejos, lo peor. Cuban no tardó en pillarme tirria. Parecía que su único objetivo fuese convertir Dallas en mi infierno particular. Me criticaba sin parar, me hablaba con condescendencia y cuestionaba mi virilidad delante de los demás. Durante los partidos en casa, se encaramaba sobre su asiento habitual, junto al banquillo, y me soltaba toda clase de improperios.

—¡Qué lento, joder! ¡Cómo puedes estar en tan baja forma! —me gritó después de que se quedara una pelota muerta en la cancha, a principios de mi desafortunado paso por los Mavs—. Qué manera de tirar el puto dinero.

«¿Qué coño estás haciendo?»

«Corre, me cago en la hostia.»

«Esto es un desastre.»

El propietario del equipo me estaba *acosando*. Me injuriaba en presencia de aficionados y jugadores. En el pecho de mi camiseta se leía la palabra «Dallas». *Juego para ti, gilipollas.*

¿Acaso Jerry Buss, el propietario de los Lakers, habría hecho algo remotamente parecido? ¿Qué clase de ser humano lo haría?

Los jugadores de mi equipo, a los que apenas conocía, fueron testigos de cómo sucedió todo. Yo no tenía ni idea de lo que pensaban de mí. Sin embargo, ¿cómo iban a respetarme si era incapaz de defenderme por mí mismo?

Intenté buscar respuestas por todos lados. ¿Acaso me odiaba por la de palizas que les endosamos con los Lakers? ¿Era por mi *reality show*? ¿Tan malo era yo realmente?

Quería contraatacar. Fantaseaba con salir a su encuentro y aflojarle un sopapo cuando menos se lo esperara. Necesitaba sacar a relucir mi agresividad. Sin embargo, siempre que estábamos en el avión del equipo o en el vestuario, le dedicaba una media sonrisa y mi tono de voz menos amenazante. Tal y como yo lo veía, tenía que aplacarlo, convencerlo de que no encontraría ninguna amenaza física en mí, porque a la que me pusiera en plan agresivo tendría todas las de perder. Pero, aparentemente, Cuban no tenía el menor problema en llegar a las manos.

Sucedió durante un partido en casa, probablemente mi peor partido de la temporada. El entrenador, Rick Carlisle, me sustituyó, y yo busqué asiento junto al equipo técnico, pero estaban todos ocupados, así que me fui a sentar en el único hueco que encontré, justo al lado de Cuban, al final del banquillo.

Cuban extendió su pie derecho y me soltó una patada en la espinilla.

—¡Venga va, cabrón! —me gritó.

Me quedé estupefacto. No fue un golpecito cualquiera. Me hizo daño. Era la gota que colmaba el vaso. Quedó dolorosamente patente que no me respetaba como hombre. Sentí cómo la adrenalina me anegaba las entrañas. Me vi transportado instantáneamente a Linden Boulevard, donde la menor irreverencia podía resultar fatal. Justo cuando salté y me fui a por él, Vince Carter, que estaba sentado a mi lado, se interpuso y me agarró firmemente del brazo.

—LO, tranquilo —me dijo Vince serenamente—. No lo hagas. No merece la pena.

Una refriega física con Cuban hubiese significado el final de mi carrera, un episodio chungo por el que sería recordado, a pesar de haberme proclamado campeón de la NBA en dos ocasiones.

¿Qué hubiese pasado si Vince, el compañero al que estaba más unido en aquel equipo, no hubiese estado sentado allí? ¿Qué hubiese sucedido si Vince hubiese estado siguiendo el juego y no se hubiese percatado del incidente? Puedo afirmar, sin el menor asomo de duda, que Vince Carter impidió que se me fuera la olla del todo y pusiera fin a mi carrera condenado al ostracismo.

Después de arrastrarme por la temporada encajando una muestra de desprecio detrás de otra, Cuban me humillaría una última vez. El 2 de marzo me mandó a los Texas Legends, el filial de los Mavericks, que competía en la D-League[9]. La plantilla de los Legends estaba integrada, básicamente, por aspirantes a jugar en la NBA, a quienes Dallas consideraba como inversiones de futuro. Era una alternativa a jugar en Europa, aunque era una liga en la que los jugadores cobraban alrededor de catorce mil dólares por temporada.

Cuban me transfirió con el único propósito de humillarme. Ni de coña iba a aceptarlo. Hubiese pasado de ser el mejor Sexto Hombre de la NBA a competir en la D-League en menos de nueve meses. Antes me retiraba. Al día siguiente, fui convocado de nuevo con los Mavericks sin llegar a jugar un solo partido con los Legends.

El 24 de marzo, durante un partido contra los San Antonio Spurs que perdimos 104-87, coseché la primera DNP-CD (Did Not Play-Coach's Decision[10]) de mi carrera.

Las cosas alcanzarían su punto crítico el 7 de abril, en Memphis. Estábamos en el vestuario, en la media parte de un partido de cuya primera mitad solo disputé cuatro infructuosos minutos. Cuban se había pasado el partido acosándome y cuando llegó el descanso bajó al vestuario, se plantó frente a mí y se puso a increparme a grito pelado enfrente del equipo. Me preguntaba si «estaba dentro o fuera».

Yo no me lo tomé bien. Una vez más, me estaba tratando como a un animal. Aquella no era manera de solucionar nada, y mucho menos en presencia de todo el equipo. Dios, la cosa se puso al rojo vivo.

---

9. Se trata de la liga de desarrollo de la NBA. D-League fue su nombre hasta 2017, año en que asumió su nombre actual: G-League. [*N. del T.*]

10. «No juega por decisión del entrenador», en inglés. [*N. del T.*]

Yo fantaseaba con tumbarlo, pero no era manera de irse. No volví a jugar un solo partido con los Mavs.

Esto es lo que Cuban declaró a posteriori ante los micrófonos de ESPN:

Todo el mundo atraviesa sus baches. Pasa con todos los jugadores. Intentamos brindarle las condiciones necesarias para triunfar. Todos vosotros lo habéis visto, sois testigos de lo que hemos hecho. No ha salido bien. Yo sencillamente le he preguntado si estaba dispuesto a hacerlo o si no. Si está dentro o está fuera. Creo que se pensaba que estábamos jugando al póquer. No ha querido comprometerse. Y eso ha sido el final. Mi trabajo es mirar por el interés de cada jugador y cada empleado, sea quien sea, tratar con todos ellos individualmente y facilitarles las cosas para que triunfen. Con él, he fracasado estrepitosamente. No ha sido la primera vez ni será la última. Hay que pasar página. ¿Que si he recuperado mi inversión? No. Ignoro si la palabra es «estafado», pero si me preguntas si he recuperado la inversión la respuesta es «no».

Encantador.

Al final tuve los promedios más pobres de mi carrera en puntos (6,6), rebotes (4,7), asistencias (1,7) y porcentaje de tiro (35,2).

El 29 de junio, los Mavericks me enviaron a los Clippers como parte de un traspaso entre cuatro equipos. Por lo menos, el peor capítulo de mi trayectoria en el baloncesto había terminado, aunque mi caída en picado no haría más que pillar velocidad. Estaba a punto de perder el control.

27

Khloé y yo regresamos a Los Ángeles tras nuestro año en Dallas. Yo volvía a jugar con los Clippers, el kilómetro cero de mi aventura. Doc Rivers, primer entrenador de los Clippers, me recibió con los brazos abiertos. Siempre me había tratado con amabilidad y cariño. Acabaría jugando ochenta y dos partidos, a pesar de que mi consumo de estupefacientes se dispararía a la misma velocidad que mi debilitamiento físico. Sabía que estaba acabado. Nunca supe si Doc lo sabía, e hice todo lo posible por ocultar mi dejadez. Estábamos ultimando la segunda temporada de *Khloé & Lamar* en E!, y yo estaba al borde de perder la chaveta.

El cóctel de popularidad, adicción, decadencia baloncestística e infidelidad, una combinación potencialmente letal, se me había ido de las manos. Por no hablar de la paranoia, la ansiedad, la depresión, las resacas, el mono y el rechazo. Pero volviendo a la infidelidad... Me las veía y me las deseaba para ser fiel, pero era incapaz de mantener la polla dentro de los calzoncillos y la cocaína lejos de la nariz.

Mi madriguera contaba con sillas de cuero hechas a medida, una gruesa moqueta marrón y un salón de puros. Dios, cómo amaba esa habitación, aunque era también la residencia de muchos de mis demonios.

Los drogadictos son muy buenos ocultando su adicción. Todo empieza con mentiras y engaños. Yo me ponía a la defensiva a las primeras de cambio y Khloé lo dejaba correr. Igual es fácil ocultar el acto de consumir, pero resulta mucho más complicado ocultar las resacas, la pérdida de peso o el comportamiento maniaco.

Me pasaba las horas en mi madriguera esnifando cantidades obscenas de cocaína a la espera de que se me levantara la polla, de que se me pusiera tan dura como la primera vez, en el Shore Club de Miami, hacía ya siete años. Entonces subía a toda prisa a la habitación, donde Khloé me estaba esperando. Ella nunca preguntaba nada y yo siempre apagaba las luces y me ponía manos a la obra.

Un día se cansó de esperar y vino a buscarme abajo. Me había metido un par de rayas, pero seguía en la madriguera. Khloé aporreó la puerta. Yo no respondí.

—¿Qué estás haciendo? —preguntó Khloé—. Sal ya.

Pasada una hora aproximadamente, empezó a preocuparse, aunque no quería llamar a la policía. Así que llamó a Greg. Solo lo hacía en caso de emergencia. Greg llegó una hora después en compañía de Alex Harris.

—Está fuera de sí —dijo Khloé—. Está alucinando. Dice que hay alguien que lo quiere asesinar.

Llegados a aquel punto, ya no discernía entre realidad y fantasía. Iba puesto de pastillas y cocaína. Estaba convencido de que había un grupo que venía a por mí, de que escuchaban todo lo que estaba diciendo y de que podían leer mis pensamientos. Estaban en mi teléfono y en mi cabeza. Hasta en las paredes.

—¡¿Quién ha puesto estos jodidos micrófonos en la pared?! —grité—. ¿Por qué me estáis siguiendo?

Agarré un palo de golf y empecé a atizarlo. Me puse a reventar las paredes para encontrar a mis enemigos. Estaba convencido de que estaban allí. Seguí reventando y despedazando la pared de yeso.

—¡Os juro que os voy a encontrar, joder! —grité—. ¡Esta es mi puta casa! ¡Daré con vosotros, mentirosos de mierda!

Tenía cuchillos. Iba a matarlos antes de que me mataran a mí. Antes de darme por vencido, había dejado la pared plagada de socavones. El palo de golf estaba doblado por la mitad y me sangraban las manos de haber arrancado la pared a pedazos. Khloé se puso de los nervios, corrió escaleras arriba y cerró la puerta. Yo estaba agotado. No había dormido en treinta y seis horas.

Avancé tambaleante y me desplomé en el suelo, la espalda contra la puerta. Esnifé más cocaína. A estas alturas me limitaba a volcármela en la mano y a empalármela en la nariz. Había cocaína por todas partes. Me la hubiese comido de haber pensado que colocaba más.

Y entonces... llamaron a la puerta.

—Tío, Money, ¿qué estás haciendo? —preguntó Greg.

Y siguió aporreando la puerta. Pensé que si me quedaba completamente quieto, Greg creería que me había ido y se largaría. Esperé quince minutos.

—Lamar, ¿qué pasa? Abre la puerta —me dijo.

Le escribí un mensaje de texto, aunque lo tuviera a mi espalda. «Eh, tío, ¿qué pasa? Estoy de tranquis, en mi casa», le escribí.

Cada vez que me hacía una pregunta le respondía con un mensaje de texto. Oía cómo Greg y Alex hablaban desconcertados por mi comportamiento.

Después de un tira y afloja de media hora, Greg y Alex se fueron a la cocina y Khloé bajó y llamó a la puerta. La abrí de golpe y agarré a Khloé enérgicamente por los hombros. Ella se asustó.

—¿Qué coño estás haciendo? —grité completamente fuera de mí—. ¿Quieres hacerme quedar mal delante de mis amigos? ¡Es que te mato, hostia puta! ¡No sabes de lo que soy capaz!

Khloé volvió a correr escaleras arriba y yo cerré de un portazo.

Pasadas dos horas Greg y Alex se fueron. Conforme me fue bajando el pelotazo, la paranoia se desvaneció. Entonces le pedí a Khloé que me perdonara. Estaba avergonzado y ultrajado. Nunca había caído tan bajo; ni en nuestra relación, ni en mi vida... fue el momento más lamentable de toda una sucesión de momentos lamentables.

Al menos Khloé ya sabe que tengo un problema con las drogas, me dije.

Las cosas se tranquilizaron durante el resto del día. Khloé y yo nos quedamos en habitaciones separadas. El silencio era ensordecedor. Por primera vez en mi vida fui consciente de que mi comportamiento no solo podía matarme, sino herir a mis seres queridos. Me acosté y recé por encontrar una cura.

Las infidelidades se habían convertido en una constante en mi vida. Había roto mis votos con Khloé tantas veces que era incapaz de recordarlas todas. Me equivoqué en todas ellas, y lo peor es que lo sabía. Ignoro por qué Khloé se quedó a mi lado. Era imposible que confiara en mí. Ni siquiera yo era capaz de hacerlo. Siempre encontraba alguna razón vanidosa para justificar mis acciones. Khloé no tardaría en destaparme y estrechó su vigilancia para descubrir mi sarta de mentiras. Empezó a controlar los extractos bancarios de mi tarjeta *black*. Cada vez que se topaba con algún cobro, normalmente de un hotel o algún tipo de reservado, rastreaba mis movimientos. Así es como daría conmigo una noche de 2012 en el legendario hotel Roosevelt, en Hollywood.

Yo había quedado allí con dos strippers para una estancia indefinida. Había contactado a mi camello y me había provisto de una pequeña y exquisita cantidad de hierba para unos días. Las chicas llegaron con sus respectivas provisiones, así que lo dispusimos todo sobre una mesilla en pulcros montoncitos. Mientras tanto, Khloé me estaba llamando y escribiendo frenéticamente: había destapado el cargo en mi cuenta e intuía bastante bien lo que estaba haciendo. Yo todavía ignoraba la repentina sofisticación de sus pesquisas, así que la idea de que pudiera encontrarme ni se me pasó por la cabeza.

Las chicas llamaron a otras chicas para que se vinieran a esnifar y a follar, y yo no puse la menor objeción. Sería alrededor de medianoche cuando escuché a alguien llamando a la puerta. Me incorporé, comprobé la mirilla y me quedé patidifuso cuando vi a Khloé, Kris Jenner y su equipo de seguridad en el pasillo. Habían averiguado en recepción mi número de habitación, ya que se trataba de una información que no aparecía en el extracto bancario. En recepción les dieron también una tarjeta para abrir la puerta. Había chicas desnudas por todas partes. Khloé abrió la puerta y se abalanzó sobre la primera chica que vio. Acto seguido su equipo de seguridad tiró la puerta abajo e irrumpió en mi guarida de inmoralidad. ¿Os podéis imaginar la escena? Khloé pegándole una somanta de hostias a una de las chicas, que intentaba quejarse en vano. Le estaba dando feroces guantazos en la parte superior del tarro. Kris no paraba de gritar y sus guardaespaldas se abalanzaron sobre Khloé para separarla de la stripper. Entonces Khloé me ordenó que recogiera mis cosas y los seguratas se deshicieron de cualquier rastro de estupefacientes.

Salimos a hurtadillas por una puerta lateral del Roosevelt y nos esfumamos en la noche.

Conocí a Jamie Sangouthai en Christ the King. Íbamos al mismo curso y llegamos a coincidir en el banquillo del equipo de baloncesto. Siempre tenía una broma en la punta de la lengua y poseía la típica perspicacia de Queens, y aunque nunca llegamos a ser amigos de verdad, siempre me gustó. Apenas lo había visto desde la fiesta de graduación del instituto, en 1997, pero cuando los Heat alcanzaron los playoffs de 2004, los primeros de mi carrera, decidí celebrarlo invitando a todos mis colegas de Queens a que volaran de Nueva York a Miami. Jamie había estudiado informática y llegó a trabajar una temporada en Wall Street.

Era un chaval italiano de Queens que quizá no fuera sobrado de talentos, pero tenía buen corazón. Yo confiaba en él. Jamie soñaba con triunfar en Hollywood como productor musical, y yo estaba encantado de reencontrarme con él.

En 2008, durante mi andadura con los Lakers, Jamie se mudó a Los Ángeles para perseguir su sueño en el mundo del espectáculo. Le puse un loft de doscientos metros cuadrados, puerta con puerta con mi apartamento en Roosevelt Lofts, a cuatro manzanas del Staples Center. También le regalé un buen coche, algo que no cayó nada bien entre el grupo de amigos que llevaban conmigo desde los tiempos de los Clippers. Era comprensible que los chavales se pusieran un poco territoriales, pero lo único que yo quería es que todo el mundo se llevara bien y disfrutara del dulce viaje en que nos habíamos embarcado.

Jamie terminó apareciendo en *Khloé & Lamar* interpretando el papel de mi mejor amigo. Mis colegas estaban súper puteados, pues no dejaba de ser un recién llegado. Además, sabían perfectamente que Jamie no era mi mejor amigo. El problema es que los productores querían a un personaje blanco. A mis colegas negros de toda la vida la decisión les pareció aberrante; yo, simplemente, me adapté.

Otra de las razones que motivaron que la presencia de Jamie no cayera en gracia fue que enseguida quedó clara su debilidad por las drogas duras, que mis colegas de toda la vida veían con muy malos ojos. Yo ya tenía una dilatada relación con la cocaína, pero ninguno de mis amigos lo sabía en ese momento. A Jamie, por su parte, le iba el rollo hardcore: se chutaba y estaba permanentemente a la caza de heroína.

Jamie no tenía ni idea de lo que era Hollywood, pero era ambicioso y yo lo quería ayudar. Tenía una idea para una exclusiva línea de ropa masculina que se llamaría Take Out. Lo puse en contacto con un puñado de gente del mundo de la moda, e hizo todo lo posible por abrirse camino gracias a mi red de contactos. Fueron varias las personas que me desaconsejaron que me metiera en negocios con él; claro que, si no le ayudaba yo, ¿quién iba a hacerlo?

Yo también estaba empecinado en montar mi propio negocio —un sello discográfico—, y pensé que Jamie, con su encanto, su mundología y con lo fantasma que era, sería la persona perfecta para dirigirlo.

En noviembre de 2008 asistí a la fiesta del Hombre del Año de la revista *GQ*, en el célebre Chateau Marmont de Sunset Boulevard. Era una fiesta de etiqueta, un quién es quién de caras famosas sorbiendo bebidas y picoteando tapas en un jardín bajo el manto de las estrellas. Me junté en un estrecho círculo con Justin Timberlake, el rapero T.I. y Jay-Z, y estuvimos de palique comentando los proyectos que teníamos entre manos.

—Tengo una idea para un sello discográfico que estoy a punto de poner en marcha —le dije excitado a Jay-Z.

Sacudió la cabeza.

—No lo hagas —me advirtió—. Invierte tu dinero en propiedad inmobiliaria. El pastel de la industria discográfica ya está repartido.

T.I. empezó a reírse.

—LO, lo está diciendo en serio.

Yo pensaba que Jay quería disuadirme sutilmente para evitar mi maniobra de intrusismo en su jardín. Se suponía que los neoyorquinos se apoyaban los unos a los otros, pero Jay era desdeñoso. No fue grosero al respecto, pero distó mucho de alentarme y no me ofreció ni su consejo ni sus contactos.

Decidí tirarme de la moto y sacar el proyecto adelante bajo el paraguas de mi propia marca, Rich Soil, que había lanzado inicialmente como una línea de camisetas que simbolizaban el crecimiento y la prosperidad. Puse a Jamie a cargo del sello y se puso a trabajar de inmediato. Contrató a un pequeño equipo, empezó a reunirse con cazatalentos, diseñó campañas de marketing y se puso a rastrear online y en estudios de la ciudad a bandas que todavía no hubiesen firmado su primer contrato discográfico.

Desde fuera parecíamos una empresa pujante y bien engrasada. Claro que las apariencias engañan. Me gasté medio millón de dólares solo en organizar un evento promocional de Rich Soil en Miami durante el fin de semana del Día de los Caídos, antes de que hubiésemos siquiera fichado a un solo grupo. Nos dedicamos a reservar billetes en primera y suites en hoteles de cinco estrellas en cada ciudad a la que íbamos.

No es que el sello fuera un negocio sangrante: es que era una máquina de quemar dinero, y lo que quedaba terminaba tirado por el retrete. En total, despilfarré la friolera de ocho millones de dólares, sin llegar a lanzar siquiera un solo disco. Al poco tiempo, Take Out se fue a pique, ya que fuimos incapaces de persuadir a ningún inversor externo. Jamie se quedó, básicamente, sobrepasado. La culpa fue mía por haber puesto a cargo de un sello discográfico y de una línea de ropa a alguien sin la menor experiencia en gestión empresarial.

Eso sí, hicimos un montón de ruido, organizamos unos fiestones que te cagas y dimos la impresión de estar a la altura hasta el final. El problema es que no produjimos una sola rodaja de música. Tendría que haber hecho caso a Jay-Z. Yo pensaba que me la quería jugar, cuando realmente estaba intentando ayudarme.

Jamie y yo nos poníamos a menudo de drogas duras en Miami. Así conocí a Scott Storch. Me resistía a admitirlo, pero si mantuve a Jamie a mi lado es porque era mi cómplice tóxico. Conseguía crack y heroína con facilidad, y siempre daba con otras drogas duras que probar. Tenerlo instalado en el centro de la ciudad, donde ninguno de mis colegas vivía ni frecuentaba, me ayudó a moverme sin dejar rastro.

En la época en que yo empalmaba un fiestón detrás de otro, Jamie hacía tres cuartos de lo mismo. Para 2015, Jamie ya no era estrella de ningún *reality*. Estaba enganchadísimo, desesperado y sin blanca, y el 14 de junio, mucho antes de lo que hubiese deseado, falleció.

Una infección bacteriana de la piel se le metió dentro y se lo llevó por delante. Fue a consecuencia de su adicción a la heroína. Otra luz se había fundido.

28

LLEVABA TODO EL DÍA escribiéndome mensajes de texto y hablando con Khloé. Era septiembre de 2015 y estábamos en pleno proceso de divorcio. Algunas veces la conversación era civilizada, otras era tensa. Y luego estaban las conversaciones en que no hacíamos más que gritarnos. Llorábamos, berreábamos y nos maldecíamos. Había ira para dar y vender. Buscábamos un amor que se había ido para no volver. Perseguíamos algo que ya no existía. Yo había alquilado una casa en Las Vegas con el objetivo de ponerme en forma otra vez. Hacía el calor perfecto que uno desea que haga en septiembre en Nevada. Liza y los críos seguían en Nueva York. Apenas los vi durante el tiempo que estuve casado con Khloé.

Deseaba bailar un último baile en la NBA. Había adelgazado trece kilos, y a pesar de que mi cuerpo iba ganando en fuerza, seguía teniendo la sensación de estar perdiendo el control. Mentalmente estaba hecho un flan. Tenía muy poca confianza y no me sentía yo. La gente me decía que tenía buen aspecto, pero no me lo tomaba como un cumplido. Más bien lo percibía como una declaración de lástima.

A cada llamada y a cada mensaje de texto de Khloé, me sentía desfallecer un poco más. Intenté combatir el vendaval acudiendo a uno de mis lugares favoritos, Cleo, uno de los restaurantes del hotel SLS de Las Vegas, y desahogarme un rato en compañía de mis amigos. Reservé una mesa en un rincón oscuro de la parte trasera del restaurante y pedí una botella de coñac. Khloé llevaba una hora sin escribirme ningún mensaje. Procuré no rayarme y me concentré en saborear la bebida. Quería airear la mente, dejar de pensar en lo que más me dolía en aquel momento.

Me acordé de mi segunda temporada en Christ the King, cuando anoté 36 puntos en el partido por el título de la ciudad. Fue la primera vez que se escuchó el nombre de Lamar Odom.

Me acordé de Mildred Mercer. A día de hoy, me sigue pareciendo increíble que Dios me bendijera con una abuela con tanta gracia, hermosura y fortaleza. Mildred hizo de mí un hombre. Le debía la vida. Cuando tenía doce años me dijo algo que me sigue acompañando a día de hoy. En aquel momento no lo entendí, aunque sería una frase que me marcaría para siempre: «Lo que haces en la oscuridad termina saliendo a la luz».

De la oscuridad a la luz.

Seguía en la parte trasera del restaurante cuando el móvil me vibró y se iluminó. Era Khloé. Sabía que si respondía terminaríamos discutiendo. Tuve claro que nuestra relación pendía de un hilo. Yo le había hecho daño y estaba dolido, pero por encima de todo, me sentía traicionado. Mi nueva familia se había deshecho de mí. Sabía que mi comportamiento no había sido ejemplar. Ni de lejos. Yo también tenía mi parte de culpa en el descalabro. No es fácil estar al lado de alguien con vicios como los míos. En el restaurante, les conté a mis amigos hasta qué punto haría cualquier cosa por los Kardashian. No solo por Khloé, sino también por Kris, Rob, Caitlyn, Kim, Kourtney, Kendall y Kylie. Ahora no querían saber nada de mí. Vaya, especialmente Kris. Ni tampoco Khloé, por extensión. A Kris solo le interesaba preservar la marca Kardashian, que se había convertido en un fenómeno internacional. Era la matriarca y la guardiana de un imperio colosal y de los cientos de millones de dólares que generaba. Para ella la marca lo era todo. Y yo, nada.

Kris me llamó aquella misma noche para decirme que Khloé quería hablar conmigo en persona al día siguiente en Los Ángeles. Khloé llevaba una hora sin dar señales de vida tras su último mensaje, así que di por sentado que se había quedado dormida. Hacía dos semanas que no la veía y no dudé en acudir a Los Ángeles. Es más, me moría de ganas, así que me fui en mitad de la noche. Ni siquiera me llevé una muda de ropa. Llamé a George, mi conductor, y tomamos la interestatal 15 desde Las Vegas. Nos separaban tres horas y medio de trayecto de Los Ángeles.

Yo estaba ciego de farlopa, marihuana y alcohol. Estaba hecho polvo y pasadísimo a la vez. Intenté dormir, pero no pude. Fuimos a ciento cincuenta kilómetros por hora todo el camino, y aun así el viaje se me hizo eterno, aunque no lo suficiente para dar con las palabras adecuadas que decirle a Khloé. Me pasé toda la noche en busca de las palabras perfectas, pero no se me ocurrían. La odiaba y la amaba al mismo tiempo. Era capaz de besarla y maldecirla en un mismo segundo. Pero estaba desesperado por hablar con ella. Sabía que era mi última oportunidad.

Kris me había dicho que Khloé estaría en SoulCycle, en Beverly Hills, a las seis de la mañana. Llegó puntual. Cuando la vi asomar por la acera enfundada en su ropa para hacer ejercicio salí corriendo y crucé la calle para saludarla.

—¡Khloé! —grité.

Se detuvo en seco. En aquel preciso instante supe que pasaba algo raro.

—¿Qué haces aquí, Lamar? —me preguntó boquiabierta—. No te quiero ver.

—Pero si acabo de conducir todo el jodido camino desde Las Vegas, tal y como querías. ¿Qué me estás contando?

Khloé hizo ademán de eludirme y me detuve frente a ella, implorándole que habláramos. La tomé por el brazo de manera instintiva. Se apartó rápidamente.

Me quedé completamente a cuadros. Ni siquiera seguía colocado. Estaba ansioso y alterado, pero ya me había bajado todo. Era como estar en una película en la que no quieres estar.

¿Qué coño está pasando?, me pregunté. Entonces vi la primera cámara. Luego la segunda. Y luego todavía más.

Más allá de que los *paparazzi* me siguieran allá adonde fuera, de que invadieran mi privacidad y convirtieran mi vida en un infierno, estaba seguro de una cosa: era imposible que se hubiesen enterado de que iba a estar en el SoulCycle, en Bevery Hills, a las seis de la mañana de un sábado.

O sea, en realidad no era imposible. Solo había una explicación. Se me escapó una carcajada.

Tenía que ser Kris. Había llamado a los *paparazzi* y se las había ingeniado para convocarlos aquí, sabiendo que pillarían a Khloé desprevenida y que reaccionaría en consecuencia. Lo más fuerte del caso —y la prueba de lo retorcida que es Kris Jenner— es que Khloé no tenía la menor idea de que yo iba a estar allí. Kholé estaba asustada y nerviosa. Todo había sido orquestado desde el primer momento para que pareciera que le estaba tendiendo una emboscada en su camino al gimnasio. Estábamos fatal y ella no me quería allí. De pronto, todo cobró sentido.

Cuando me di cuenta de lo que acababa de suceder, me empezó a hervir la sangre. Estaba a punto de perder los estribos. Las cámaras lo habían registrado todo. Antes del encuentro, todavía quedaba una pequeña esperanza de que nos reconciliáramos. Yo quería que volviéramos, de hecho. Kris sabía que aquel era mi último cartucho y tenía aún más claro que no quería a un drogadicto en la familia. No era bueno para el negocio. Mi última posibilidad de volver con Khloé había sido dinamitada allí mismo, delante de mis narices.

Estaba que trinaba con los *paparazzi*, sin embargo, por algún motivo, decidí concederles una entrevista allí mismo, a pie de calle. Hasta acepté que me exprimieran. Como ya os he dicho, estaba desquiciado. Tenía la cabeza nublada y di palos de ciego furiosos y desesperados. Estaba destrozado. Sabía que ponerme a hablar era un error, pero no pude evitarlo.

Estaba agitado y sudoroso. Seguía enfundado en la misma camiseta negra de la noche anterior. Esto es lo que dije:

No creo en lo que hacéis. No creo en perseguir a la gente a todas partes. Aunque la mitad de todo esto fuera cierto, todo el mundo sabe quién soy. Y entre

todos vosotros me habéis desacreditado, vapuleado y me habéis arrebatado la
confianza. Me lo habéis quitado todo. Pero no volveréis a hacerlo.

Estaba un paso más cerca de tocar fondo. Un paso más cerca de la
muerte.

Regresé a Las Vegas dos días después para seguir con mi preparación
física y quitarme de la cabeza lo que había pasado con Khloé. Seguía
deseando jugar en la NBA, y mi preparación veraniega empezaba a
dar sus frutos. Pero la verdad es que el incidente con Khloé me había
dejado tocado. Mi cabeza hacía aguas y pedía a gritos deshacerse de
aquel dolor. Así que lo hice de la única manera que conocía.
    Decidí hacer una escapada de fin de semana. Mi conductor estaba
en Los Ángeles ocupándose de algunos asuntos. Greg estaba de luna
de miel en México con su nueva esposa, Eve. Yo estaba solo, de manera que escaquearme durante un de fin de semana resultó pan comido.
    Después de todo, me dije, me lo merecía. Me lo estaba currando.
Estaba entrenando. No estaba en tan buena forma desde mis días en
los Lakers y seguía sin meterme en líos con la justicia. Aparte del incidente con Khloé, me había mantenido fuera de los focos.
    Decidí pasar el fin de semana en el Love Ranch, un conocido pros-
tíbulo en el desierto que quedaba como a hora y media de mi casa de
Las Vegas. Me hice un bolso de viaje y me llevé mi American Express
black y un fajo de veinticinco mil dólares en metálico. El prostíbulo
me puso un chófer y todo.
    Conforme el coche avanzaba por la interestatal 160 rumbo al final
de mi vida, consideré dar media vuelta. Habíamos dejado atrás las luces de neón y miré por la ventana y vi aquel desierto frío y yermo deslizarse fugazmente por el cristal. Tenía tiempo de sobras para detener
el coche, para intentar hacer lo correcto. Pero no lo hice. No podía.
    Y esta es la parte realmente más triste. Me estaba rindiendo. A
cada kilómetro que avanzábamos por la autopista —el desconocido
al volante y yo— estaba renunciando un poco más a mi carrera en la
NBA. Todavía me arrepiento a día de hoy. Le di la espalda al único refugio de mi vida. La pretemporada había empezado hacía dos sema-

nas, y nadie me había llamado. Tenía la esperanza de que apareciera alguien y me propusiera un contrato de diez días. Mientras el resto de la liga se sometía a sesiones de resistencia, aprendía nuevas defensas y perfeccionaba el juego de pies, yo me destruía mental y físicamente.

Es curioso hasta qué punto gran parte de mis problemas se han reducido a las drogas y las mujeres. La de noches y días sin final que había pasado en compañía de hermosas mujeres y montones de droga...

Mi escapada de fin de semana no le iría a la zaga.

Salimos de la interestatal y el conductor maniobró para incorporarse a la carretera de tierra que llevaba al prostíbulo. El lugar no parecía gran cosa. No había prácticamente nada. Un desierto de roca polvorienta, un par de líneas de tendido eléctrico y montañas en la distancia. Uno sabe que ha llegado a su destino cuando se topa con el cutre letrero rojo y amarillo de camino al lugar, en que el establecimiento alardea de estar «SIEMPRE ABIERTO» y de ser «SIEMPRE SABROSO». El letrero inferior te informaba, a su vez, de que «EL SEXO NO ES IMPRESCINDIBLE».

El lugar estaba formado por una hilera de edificios bajos, casetas de color beige de una sola planta que parecían el parque de caravanas más remoto de la tierra. Me bajé del coche y me dirigí al edificio principal de la instalación, provisto de una brillante puerta roja. Me recibió el encargado de la propiedad.

Llegué un sábado por la noche. Iba bastante puesto y me convenía dormir la mona. Así que la primera noche me quedé frito. Al día siguiente estaba con ganas de aventurarme. Me di una vuelta por el lugar e intercambié cumplidos con la mayoría del personal y conocí a las chicas que trabajaban allí. El ambiente era relajado y hospitalario. Yo ya le había echado el ojo a la chica con la que pretendía divertirme aquella noche, pero solo podía pensar en comida. No recordaba la última vez que había probado bocado. No quería comer solo así que pedí quinientos dólares de Kentucky Fried Chicken para todo el mundo.

Tras el almuerzo me fui al bar y pedí una botella de coñac para desentumecer el cuerpo. El lunes, mi tercer día en el establecimiento, necesitaba estar solo y me pasé durmiendo la mayor parte del día y la noche.

Unas doce horas después, en la mañana del martes, mi cuerpo estaba convulsionando.

Estaba tendido en el suelo, palmándola.

Finalmente, me había matado.

Puede que es lo que quisiera, aunque eso era lo de menos. La mujer que me acompañaba se puso a gritar y llamó al 911. Nadie tenía fuerza suficiente para levantarme. Tenía la cara aplastada contra el suelo. Me manaba sangre de la nariz y de la boca. Apenas recuerdo lo que pasó aquel día porque había perdido la consciencia en algún momento de la mañana. Tuve que fiarme de las versiones de amigos, familia y de los trabajadores del Love Ranch.

Fui trasladado a urgencias y me ingresaron en una cama de la habitación 228 del Sunrise Hospital de Las Vegas. Mi corazón se había detenido dos veces. Había convulsionado en doce ocasiones y había padecido seis derrames cerebrales. Mis pulmones colapsaron y mis riñones fallaron. Estaba entubado por todos lados y con respiración artificial. Todas las personas a las que había querido me miraban con la mirada empañada. Quería tocarlas. Besarlas. Quería decirles lo siento.

Pero no podía. Porque no estaba vivo.

Me quedé mirando a Dios. Y Dios se me quedó mirando fijamente.

El sacerdote salió al vestíbulo. Mi familia rompió a llorar.

Soy un adicto. *Era* un adicto. Mi coma es el colofón a mi adicción. Es el colofón a mi vida. El final de la espiral de ansiedad, dolor, frustración, confusión y de una automedicación letal.

Este es el retrato póstumo de Lamar. Joder. No. Todavía no estoy preparado.

Hoy es el día en que moriré.

Decidle a Lamar Jr. y a Destiny que los quiero. Yo no puedo. No lo había planeado así, pero hasta aquí he llegado. Estoy asustado. Y vacío. Ya no me queda ningún lugar adonde ir. Llevaba toda la vida con una respuesta para todo. Es parte de lo que me convirtió en Lamar Joseph Odom. Siempre tuve una respuesta para todo. A fin de cuentas, era un chaval de Queens. Las agallas, el corazón y la pasión del barrio corrían por mis venas. El latido de sus calles rotas y hermosas me colmó el corazón. Queens me había concedido el talento para sobrevivir, el mismo que me mantuvo vivo durante treinta y cinco años. Pero todo aquello es ahora historia. No me queda ningún último desvío al que incorporarme. Se acabaron los finales felices. Las chicas guapas. Se acabó la suerte y se acabó la buena estrella. Me he quedado sin respuestas.

Tengo las venas infestadas de un infecto mejunje de cocaína, coñac y cannabis. Aposté contra mis demonios y perdí. Han conspirado para detener el corazón de este cuerpo de dos metros diez y ciento quince kilos.

He perdido las riendas de mi vida. Soy esclavo de todo lo que odio. No tengo fuerzas. Maldita sea. Nunca pensé que diría esto.

Solo me quedan mis hijos, sus caras bonitas. Llevo el suave tacto de su piel grabado a fuego en mi mente. La melodía de sus voces suena como una sinfonía. Quiero acercarme a ellos, pero no están. Estoy solo. Me ha llegado la hora de abandonar este mundo. Lo intenté. De verdad que lo hice. Pero soy débil. Y no me queda más amor que dar.

El hospital blindó sus puertas. Antes de que nadie supiera lo que estaba pasando, la noticia de que me debatía entre la vida y la muerte se propagó por las redes sociales como la pólvora. El hospital fue invadido por un ejército de *paparazzi*, turistas y curiosos. El personal tuvo que vaciar un ala entera de la segunda planta y apostar a un guardia de seguridad junto al ascensor.

Estaba rodeado por un equipo de médicos que supervisaban mis constantes vitales a cada momento. Respiraba con ayuda de un ventilador y me alimentaba gracias a una sonda neogástrica insertada en el abdomen. Tenía electrodos estampados por toda la cabeza para supervisar mi actividad cerebral; fijo que parecería sacado de una película de ciencia ficción.

Estaba tumbado en la habitación 228, al otro lado de una pared de cristal concebida para mantener a raya los gérmenes y para permitir que los médicos dispusieran de una visión nítida del paciente, o sea yo, que no tenía la menor idea del revuelo que se estaba formando a mi alrededor. Era un revuelo que nada tenía que ver con artilugios hospitalarios ni enfermeras aceleradas. Era un revuelo motivado por la irrupción de una fuerza de la naturaleza: Khloé Alexandra Kardashian. Decir que su llegada dio un vuelco de ciento ochenta grados a la situación sería quedarse corto.

El vestíbulo de la primera planta, habilitada como una sala de espera de facto —que a la postre anegaría la sala de urgencias— se transformó en un auténtico frenopático debido a la avalancha de gente que vino a verme. A las pocas horas de mi ingreso, todavía inconsciente, amigos y familiares empezaron a dejarse caer procedentes de todos los rincones del país. A todos se les dijo que tenían que esperar, y apenas se les dio información. La seguridad era más estricta que en cualquier club que hubiera estado.

Khloé se hizo con las riendas.

En las horas inmediatamente posteriores a mi ingreso, cuando me debatía entre la vida y la muerte, solo permitió la entrada de su mejor amiga, Malika Haqq, de Greg y de Alex, un amigo común. Habida cuenta de que el juez todavía no había firmado los papeles de nuestro divorcio, Khloé y yo seguíamos estando legalmente casados. Lo cual se tradujo en que asumió íntegramente las riendas de todo durante mi estancia en el hospital. Cuando digo todo... es todo. Khloé daría el visto bueno a todas las intervenciones médicas y fue la única depositaria de todas las novedades relativas a mi parte, que se actualizaban constantemente. Khloé se encargó también de controlar firmemente el acceso al pabellón de la segunda planta donde me encontraba, y decidió quién podía entrar en mi habitación y quién no.

Solo hubo una delegación a la que no pudo contener: la comitiva de la oficina del sheriff del condado de Nye. Tras entrevistar a las chicas que trabajaban en el Love Ranch, los agentes infirieron que había estado consumiendo estupefacientes y se personaron en el hospital con una orden para obtener una muestra de sangre. Pretendían imputarme un delito mientras yacía inconsciente. Pues vaya con su sentido de la compasión; total, si solo estaba en coma.

Khloé también hizo una excepción con mi excompañero de los Lakers Kobe Bryant y el director general de la franquicia, Mitch Kupchak. Si tuve un compañero de equipo al que admiré más que a ningún otro, ese era Kobe. Y qué decir de Mitch: había sido el artífice de hacer realidad mi sueño de convertirme en Laker: fue él quien organizó el intercambio de jugadores con Miami Heat para traspasarme a Los Ángeles en 2004. Ambos se habían escaqueado del MGM Grand Garden Arena, a solo cinco kilómetros, durante el tercer cuarto de un partido de pretemporada que enfrentaba a los Lakers y los Sacramento Kings, para estar a mi lado. El equipo declaró ante los medios que Kobe había padecido una contusión en la pierna.

Para entonces los teléfonos móviles resplandecían por todo el país. Khloé se quedó a mi vera, junto a mi cama, intentando organizar los desplazamientos hasta el hospital de mis más allegados e informándoles de la situación. En un momento dado llamó a su madre y le relató la situación a moco tendido.

«No tengo ni idea de lo que está pasando —dijo alterada al teléfono—. Los médicos no paran de hacerle pruebas y todavía no saben por qué está en coma. ¿Dónde estás?»

Amigos de Las Vegas, Nueva York y Los Ángeles intentaban por todos los medios enterarse de cuál era exactamente la situación mientras reservaban sus vuelos rumbo al aeropuerto internacional McCarran.

Algunas horas después, finalmente, el resto de la caballería hizo acto de presencia. Kris Jenner, Kim Kardashian y Kylie Jenner se abrieron paso entre la multitud de familiares, amigos y simpatizantes hacinados en el vestíbulo como en una lata de sardinas.

Afuera, a la entrada del hospital, se acumulaban las unidades móviles de los medios de comunicación. Reporteros llegados de todo el país hacían conexiones en directo y buscaban primicias debajo de las piedras. Los helicópteros sobrevolaban el cielo. El sonido de sus aspas triturando el aire era la banda sonora de mi épica batalla por sobrevivir. Kevin Frazier de *Entertainment Tonight* intentaba ganarse a mis familiares ofreciéndoles pollo frito gratis. Suspiraba por arrancarles alguna declaración exclusiva. Los *paparazzi* trepaban como podían las escaleras de incendios para acceder al terrado. Alguien llegó incluso a destacar un dron frente a mi ventana.

La llegada del resto de las Kardashian no hizo más que empeorar las cosas. Algunos de mis primos y de mis amigos de infancia llevaban horas esperando, cuando se encontraron con que mis famosas hermanitas políticas se les colaban. Yo no tenía la menor idea de lo que estaba pasando, obviamente. Eso era algo de lo que se encargaba Khloé, y Khloé ni siquiera conocía a la mayoría de mi familia. Para ella, eran completos desconocidos. Así las cosas, la primera planta empezó a convertirse en una olla a presión, y la ansiedad y la impotencia de mis allegados alcanzaron su punto de ebullición. La gente concentrada en el vestíbulo descubrió a través de Instagram que Kobe y Mitch habían sido autorizados a entrar por una puerta lateral, lo cual provocó que la agitación subiera aún más de tono.

—Las cosas se estaban poniendo realmente chungas abajo —me contaría Greg meses después, en su intento por reconstruir aquella semana—. Todo el mundo quería saber quién estaba dirigiendo el cotarro.

Y, paralelamente, al otro lado de mi pared de cristal, la tensión también podía cortarse con tijeras. La tía JaNean llegó al hospital junto a Destiny y Lamar Jr., que entonces tenían diecisiete y trece años respectivamente. JaNean llegó cansada del vuelo y no estaba de humor para lidiar con nadie que le dijera lo que tenía que hacer, por muy esposa mía que fuera. Mi tía no había conocido todavía a ningún miembro del clan Kardashian. JaNean era de Queens y estaba de vuelta de todo. Cuando entró en la habitación, Kim y Khloé dejaron lo que estaban haciendo y la observaron.

—Menudo chasco —dijo la tía JaNean despectivamente—. Sois más guapas en la tele.

Las dos Kardashian se quedaron pasmadas, achantadas, mirándose la una a la otra. No pudieron replicar nada. Sus rostros lo decían todo: *¿Qué hostias acaba de pasar?* Además, conozco a mí tía, y si las hermanas hubiesen osado rechistar, la habitación hubiera estallado. Khloé sabía que lo mejor que podía hacer era quedarse callada, mientras que Kim ignoraba lo que era eso. A pesar de que estaban sentadas la una al lado de la otra empezaron a escribirse mensajes de texto arrebatadamente.

JaNean acompañó a mis hijos a que me vieran. Los médicos les informaron de que lo más probable es que los escuchara, aunque sería incapaz de responder. Por lo visto, según me contaron más tarde, Destiny y Lamar Jr. tenían las mejillas arrasadas por las lágrimas. Se quedaron destrozados al verme en aquel estado. Tuve suerte de no presenciarlo: el dolor hubiera sido demasiado insoportable. Pese a todo, en aquel preciso instante, algo muy especial sucedió en la habitación. Sus voces me dieron alas. Sentí los latidos de su corazón sincronizados con el mío. La vida volvía a infiltrarse en mi cuerpo.

Después de que Destiny y Lamar Jr. abandonaran mi habitación a la segunda noche de mi ingreso, Greg se los llevó a una sala de espera contigua. Llegados a aquel punto, todo el mundo tenía las emociones a flor de piel y necesitaba tomarse un respiro. Y, como era de esperar, fue precisamente entonces cuando se lio la del pulpo. Al salir de mi habitación, la tía JaNean se dirigió a la sala de espera que quedaba al otro lado de la pared de cristal y se sentó en una silla vacía, la misma en que Kris Jenner había estado sentada durante horas. Cuando Kris regresó del baño, se acercó a JaNean.

—Este es mi asiento —dijo Kris.

—No, no lo es —replicó JaNean—. Ahora es el mío, gracias.

Khloé intentó tomar las riendas. Pretendía que la tía JaNean se fuera de la habitación. Mala idea.

—¡Vosotras no sois familia! —gritó la tía JaNean—. ¡Su familia somos nosotros!

Le salió el barrio de dentro y dejó un estimable reguero de palabrotas a su paso. La situación estaba a punto de descarriarse cuando Greg se las ingenió para escoltar a JaNean a la habitación contigua, donde esperaban Destiny y Lamar Jr. JaNean dejó un rastro sinfónico de «¡que os follen!» y «¡zorras!» escupidos en todas direcciones. Llegó un momento en que la gente se olvidó del motivo de su presencia allí, o sea, de que me estaba debatiendo entre la vida y la muerte. Khloé empezó a hacer llamadas y se reunió con su equipo de seguridad. Pretendía que todo el que entrara en la habitación firmara un acuerdo de confidencialidad, lo que significaba que nadie podía hablar ni escribir sobre nada de lo presenciado. Incluso en mitad de la debacle, las Kardashian seguían batallando por proteger su marca. Mi familia se negó a firmar. A la que quedó claro que nadie firmaría nada, Khloé montó en cólera y clausuró la segunda planta del hospital. Destacó más seguridad en los ascensores y prohibió cualquier visita. Las treinta y cinco personas que aguardaban abajo se quedarían con las ganas de verme. Ni siquiera mi padre, con quien me había reconciliado hacía poco después de treinta años, pudo verme más de una sola vez.

Pese a todo, Khloé no se separó de mí en ningún momento. No se duchó en cuatro días y se cepillaba los dientes en una pequeña habitación contigua. El aguante de Kim fue también increíble. Estaba embarazada de siete meses de su segundo hijo. Ella y su hermana improvisaron una cama con tres sillas alineadas, donde dormiría durante su estancia.

El redoble del dispositivo de seguridad no fue obstáculo para que el activista pro derechos civiles Jesse Jackson se las ingeniara para llegar hasta mí. En un primer momento, el equipo de seguridad de Khloé le impidió el paso, pero después de confesar que solo pretendía rezar a mi lado, Khloé lo dejó pasar. Jerry me tomó de la mano y recitó una oración junto a mi cuerpo inconsciente.

A continuación, Khloé le pidió encarecidamente que evitara a los medios de comunicación. Quería controlar toda la información que entraba y salía de la habitación. Se aferró a controlar el relato mediático de mi inminente muerte con uñas y dientes, como solo ella sabía. Le imploró a Jackson que respetara la privacidad de la familia.

Jesse salió del hospital y le faltó tiempo para montar una rueda de prensa. Khloé estaba colérica. Mis amigos respetaban a Jesse antes de aquello. Todo el mundo se sintió traicionado.

—Khloé está a su lado —declaró Jackson ante montones de cámaras—. Está inconsciente, pero parece que los médicos aseguran que se está recuperando. Ignoro cuánto tiempo le llevará. Está en una situación muy delicada. Lo único que puedo hacer es rezar por su recuperación, aunque al menos hoy ha mostrado signos de mejoría. Ayer estaba prácticamente noqueado, y hoy hay signos de recuperación. Nos hemos quedado cogidos de la mano. Solo deseo que vuelva en sí. Prefiero no describir su estado como crítico o estable, aunque diría que tiene más pinta de crítico. Pero está rodeado de amor y estoy seguro de que la familia está encantada de que Kobe lo haya visitado.

Mis constantes vitales solo empezaron a mejorar un poquito al tercer día en cuidados intensivos, aunque para entonces no estaba fuera de peligro ni de lejos. La opinión reinante era que si no me recuperaba en breve, los daños cerebrales serían casi irreparables y apenas podría hablar, caminar o hacer vida normal. Mis familiares y amigos allí concentrados fueron informados de que, en el mejor de los casos, y siempre con ayuda de años de terapia física, llegaría a comer, cepillarme los dientes y vestirme por mí mismo.

En el hospital, la espiral de emociones, tensión y confusión parecía condenada a un desenlace fatal. Todo el mundo estaba agotado. Nadie había dormido ni se había duchado en días. La planta era un mar de lágrimas. Poco a poco, todos se fueron convenciendo de que nunca volverían a tener una conversación normal conmigo.

Entonces sucedió.

Uno de los médicos principales entró en la sala de espera con expresión adusta. Todos dejaron de consultar los teléfonos y se olvidaron momentáneamente de sus pequeñas miserias.

—Lo siento —comentó el doctor solemnemente—. Si desean dedicarle sus últimas palabras a Lamar; me temo que ha llegado la hora de que empiecen a pensárselas.

Este es el momento más absolutamente oscuro de mi vida.

Hoy es el día en que moriré.

Me ha llegado el momento de fundirme en el éter. Yo, Lamar Odom, me fundiré en el infinito. Volveré a ver a mi madre. Me pregunto si me reconocerá. Mildred también estará allí. Y mi pequeño Jayden. Me sumergiré en la dulce eternidad. Viajaré de la oscuridad a la luz.

Mi espíritu deseaba irse. Pero por algún motivo, no lo conseguía. Estaba atrapado. Algo lo retenía. Y entonces lo vislumbré: eran Destiny y Lamar Jr., mi descendencia, quienes lo impedían. Los había sostenido entre mis manos cuando eran bebés. De ninguna manera me desprendería de ellos. Destiny se aferraba a mí con la palma de su pequeñísima mano. Y Lamar Jr. hacía lo propio, no consentiría que me largara. El eco de sus voces recorrió las catacumbas de mi corazón. Su amor se infiltró en mis venas. Había resucitado.

No moriría aquel día.

Una oleada de vida me sacude el cuerpo hasta levantarme prácticamente de la cama del hospital. Si no me he elevado tres metros por encima del suelo, no me he elevado ninguno. Quiero gritar, pero no puedo.

Nunca había estado tan cerca de Dios de lo que estoy ahora.

Me siento en la cama y empiezo a arrancarme furiosamente todos los tubos del cuerpo y los sensores de la frente. La sala de espera se funde en un solo grito. Khloé está chillando. Kylie está berreando. Se disparan las alarmas y las sirenas. Los doctores llegan esprintando por los pasillos. Se apresuran a preparar las inyecciones. No saben a qué atenerse. El pánico y el caos desbordan la segunda planta como un maremoto. Mis diagramas se han vuelto locos. Los portapapeles vuelan por todas partes.

La gente se pone a rezar.

Es la primera vez que asiste a un milagro.

Abro los ojos por primera vez en cuarenta y ocho horas. De la oscuridad a la luz.

Hoy es el primer día del resto de mi vida.

Este no es mi retrato póstumo.

No estoy preparado.

No podría contar con los dedos de una mano la de lecciones vitales que he aprendido en esta vida. He fracasado tanto como he triunfado. Me he derrumbado. Y me he levantado. O Dios me ha recogido con pinzas. O lo han hecho mis hijos. El caso es que no voy a irme dejando esta última estampa.

Nacemos, vivimos y morimos. Pero yo no morí aquel día. Continuaré respirando. Continuaré amando. Tendré fe. Hoy, me dispongo a vivir.

29

Había sobrevivido, pero todavía me quedaba vivir. Seguía siendo un adicto. Al salir del hospital, mi vida seguía convertida en una montaña rusa. Me había recuperado más o menos físicamente, pero estaba más vulnerable que nunca.

Así andaban las cosas cuando en noviembre de 2016 Greg organizó una intervención en el apartamento de dos habitaciones donde vivía, en una calle que daba al bulevar Ventura, en Los Ángeles. Allí me esperaban, entre otros, Al Harris, Liza, Destiny y Lamar Jr. Yo llegué a casa después de haber estado pasando el rato con unos amigos. No me esperaba encontrarme con aquella movida. Me pilló desprevenido y no supe cómo reaccionar. Ver a Destiny y Lamar Jr. me dejó aturdido.

—¿Se puede saber qué hacéis todos en mi apartamento? —pregunté.

—Siéntate, hermano —dijo Greg.

Me negué.

—Lamar, que te sientes —dijo Al Harris, mi amigo de toda la vida—. Esto va en serio. Tenemos que hablar.

La habitación se quedó en silencio. Toda mi familia estaba allí. Y todos mis amigos. De Queens. De Miami. De mis días en los Lakers. Había como una docena de personas. Yo estaba nervioso, asustado y a la defensiva. Me estaban tendiendo una emboscada. Y sabía el porqué. Querían rescatarme.

Miré a Destiny. Estaba llorando. Me vine abajo. Su carita de ángel era lo único más fuerte que la capacidad de atracción de las drogas.

Su amor era más fuerte que la adicción.

—No hay nada que esconder, hermano —dijo Greg—. Tú ya lo sabes, y hay que solucionarlo. Tus hijos están aquí. Es ahora o nunca.

Miré a Destiny. Mi pequeña, tan bonita. Alumbrada en el verano de mi dieciocho cumpleaños. No había elegido su nombre ni su destino. Ambos se los había dado yo. Las lágrimas le rodaban por el rostro. Me hundí. En ese momento, me sentí morir.

—¿Estás bien, papi? —me preguntó.

Mi niña de diecisiete años. Sentí sus palabras. Me alcanzaron como un cohete disparado a través de un muro. Hubo una explosión, montones de añicos y una sola evidencia: a mi primogénita le rodaban las lágrimas por la cara.

Me acordé de la primera vez que estuve con Liza. Era un frío día de diciembre. Éramos unos niños. Le dije que todo iría bien. Se quedó embarazada. A partir de aquel día, nuestras vidas cambiarían para siempre.

Entonces le llegó el turno a LJ.

—Odio todo esto —exclamó Lamar Jr.—. Odio estar asustado. Y odio no saber si me vas a llamar. Odio despertarme cada día sin saber si estarás vivo. Estoy acojonado.

Aquello me acojonó de la hostia.

La habitación se detuvo, igual que mi corazón. LJ es un chaval increíblemente reservado. Nunca lo había escuchado hablar así. Tenía catorce años. Era un chaval hermoso, poderoso e independiente.

No como su padre, que era un cobarde. Un padre que le tenía miedo a los espejos, no fuera que le devolvieran el reflejo de lo que no quería ver. No quería que LJ me mirara. Me vi reflejado en LJ. Vi a mi padre reflejado en mí. Era imposible que LJ se viera reflejado en mí. Pero seguía siendo su padre. Y también era un enfermo. Mi hijo era más fuerte que yo.

Es lo que más me dolió. Había adultos llorando. Nadie era capaz de hablar. LJ me miraba fijamente. Liza se cubrió la cara con las manos. La había conocido en la tutoría de Christ the King, cuando tenía la misma edad que tenía ahora mi hijo. Entonces yo era joven e inocente. No era un drogadicto. Y tampoco era ni rico ni famoso. Pillaba el bus para ir al instituto. Y ella me parecía guapísima.

Me lo deletrearon:

—O te metes en rehabilitación o pasamos de tu puta cara —dijo Greg.

Terminada la reunión, me fui a la habitación trasera. Destiny y LJ me siguieron. Les confesé que los quería.

—Papi, yo no quiero verte así —me dijo Destiny.

Mi corazón se detuvo. Mi niña. El logro más bonito de mi vida me acababa de confesar que me quería vivo. Me partí en dos.

Entonces entró Greg.

—O lo tomas o lo dejas —dijo—. Es hora de entrar en rehabilitación.

—Deja que me lo piense —respondí.

Ni siquiera tuve las agallas de meterme en rehabilitación después de tener a mis dos hijos destrozados delante de mis narices. La intervención no funcionó. Liza y los niños regresaron a Nueva York. Greg siguió haciendo su vida. Y yo seguí haciendo lo que estaba haciendo justo antes de encontrármelos en mi apartamento. Unos días después, Greg recibió una llamada telefónica.

Lo llamaban de Bunim/Murray Productions, la productora de *Keeping Up with the Kardashians* y *Khloé & Lamar*. Querían producir otro programa. Se iba a titular *Rebound*. Estaría dedicado a mi vida después de la muerte, a cómo había regresado del más allá. Estaban dispuestos a adelantarme doscientos mil dólares de una tacada. Greg se pasó por mi casa y dejó caer la noticia.

—El dinero está ahí —dijo Greg—. Pero hay una condición.

—¿De qué se trata? —pregunté.

—No quiero saber nada de ti a no ser que entres en rehabilitación. Treinta días. Y tiene que ser ya.

Claro que desintoxicarse es caro. Había una discreta clínica en San Diego, pero me iba a costar cien mil dólares. La sobriedad no es barata. Con tal de financiarla, conseguimos que un programa de televisión llamado *The Doctors* se aviniera a costearlo a cambio de sendas entrevistas exclusivas: la de antes y la de después de mi desintoxicación. La entrevista del «antes» se filmó en casa de Greg. Al día siguiente, Greg me condujo hasta Casa Palmera, en San Diego. Ingresé con un cuadro de alcoholismo, politoxicomanía y adicción al sexo. El lugar dispone de unas instalaciones hermosas y desahogadas, y te miman y te tratan como si fueras realeza pura. Los móviles están terminantemente prohibidos, aunque yo me las ingenié para conseguir un teléfono prepago para poder seguir en contacto con alguna gente. A los pocos días de ingresar había una jornada abierta de visitas para amigos y familia. Aparecieron Greg, Liza, Destiny y Lamar Jr.

Las cosas iban bien y todo el mundo estaba feliz de que estuviese recibiendo la ayuda que necesitaba. Los doctores y los especialistas analizaron mis antecedentes y me contaron que mis adicciones eran producto y consecuencia de mi pulsión por automedicarme. Pasé Navidades y Año Nuevo allí. Cumplí con los treinta días pactados, y Greg me vino a recoger. Me sentía sano y fresco como nunca antes. Entonces pensé que todo se iba a solucionar. Solo entrar en el coche, Greg me entregó cincuenta mil dólares en metálico como adelanto del pago de Bunim/Murray Productions. Hay que ver cómo pesa un fajo de cincuenta mil dólares. Acto seguido, nos largamos de allí.

Unos días después, mis amigos organizaron una fiesta de bienvenida en The Lobster, mi restaurante favorito, en Santa Mónica. Vino todo el mundo. Luke Walton, mi excompañero Brian Shaw, Keyon Dooling, gente de Queens, Greg y su mujer. Fue una noche increíble y me sentí auténticamente querido.

EL ÚLTIMO CAPÍTULO

JOSEPH. ESE NOMBRE. Mi segundo nombre. El nombre de mi padre. Se lo pusieron por su padre. Es lo más importante que tengo. Me recuerda quién he sido y quién soy. El hijo de mi padre.

Joseph.

Soy quien soy. No puedo cambiarlo. Y, en última instancia, estoy agradecido por ser quien soy.

Ahora contemplo mi vida.

Veo el futuro. Veo los lugares por donde he pasado. Veo a la gente a la que quiero.

Greg sigue casado, con cuatro hijos. Le va bien. Me acuerdo del día que nos conocimos, en un gimnasio de Queens. Nos convertimos en compañeros de equipo y nos hicimos amigos íntimos de un plumazo.

Sonny y Pam Vaccaro siguen juntos. Viven en Malibú. Él se pasa el día peleándose con la NCAA. Sigue cocinando cada noche. Preguntadle por su salsa boloñesa.

Khloé y su novio, el jugador de la NBA Tristan Thompson, alumbraron a su primer hijo. Estoy feliz por ellos. Será una madraza increíble.

Liza vive en Nueva York con Destiny y Lamar Jr. Ha sido mi gran baluarte durante toda esta travesía. Todavía me acuerdo de su cara tan bonita, del día que la conocí en la tutoría de mi primer año de instituto.

Destiny cumplirá los veintiún años muy pronto. Quiere ser bailarina.

Lamar Jr. mide metro noventa y cinco. Es tranquilo, educado y respetuoso. No comparte ninguno de los vicios de su padre.

Gary Charles vive con su familia en Long Island. Sigue implicado con los Panthers y trabaja en el distrito financiero de Nueva York.

Taraji es la estrella de *Empire*, una de las mejores series de televisión de los últimos años. Sigue siendo un inmejorable modelo para las mujeres negras.

Tavorris Bell vive en Atlanta, Georgia. Trabaja en una editorial. A menudo, visita a su hija de diecisiete años en Miami. Jugamos mucho al *NBA 2K*, y le meto unas palizas de órdago.

Jerry DeGregorio, Poppa D, es entrenador asistente del equipo de baloncesto femenino de Clemson.

La tía JaNean sigue viviendo en la calle 131 con Linden. Sigue dando tanta guerra como siempre. Sigue siendo la tía JaNean.

Joseph, mi padre, vive en Brooklyn, no muy lejos de las Woodside Houses donde conoció a mi madre hace cuarenta y un años. Hablamos una vez por semana.

Y respecto a mí, sigo siendo un adicto. Sigo luchando. Hay días en que no quiero salir de la cama. Otros me siento como si el mundo y todas sus maravillas me pertenecieran. Sigo teniendo el mismo sentido del humor de siempre. Todavía veo el lado positivo de las cosas.

Tengo esperanzas. Lo tengo claro. Soy feroz. Estoy bendecido. Soy una fuerza imparable. Y he escarmentado.

Aunque, por encima de todo, sigo desentrañando quién soy. Estoy en un buen lugar. Amo el camino en el que estoy, aunque no está, ni de lejos, terminado.

No volveré a la oscuridad. Nunca más. Me acuerdo de las palabras de la abuela Mildred. Solo quiero luz. Viajé de la oscuridad a la luz. Morí. Y ahora estoy vivo. Es realmente un regalo. Sigo esforzándome. Rezad por mí, que yo rezaré por vosotros. Si me veis por ahí, acercaos a saludarme. Cada persona que conozco es una luz. Cada sonrisa, cada palabra de afecto, cada gesto hermoso que recibo es todo lo que necesito para mantener la oscuridad a raya.

Nunca he tenido la oportunidad de expresar lo que siento por los aficionados. ¿Qué estoy diciendo? Donde dije aficionados digo amigos. Los amigos a los que nunca he conocido. He caído tan bajo como se puede caer. Pero vosotros nunca permitisteis que tocara fondo. Me salvasteis del infierno de la desesperanza. Vuestro amor me salvó la vida, aun cuando no os haya conocido nunca. Vuestro espíritu viaja conmigo. Gracias. Vuestro amor ha sido una luz infatigable. Estas páginas así lo demuestran.

Sé que un día me reuniré de nuevo con mi madre. Le contaré mi vida y le preguntaré por la suya. La sostendré igual que ella me sostuvo a mí en su día. Le contaré que he intentando ser bueno con todo el mundo, tal y como me dijo la última vez que la vi. Le contaré que Mookah lo hizo lo mejor que pudo.

Abrazaré a mi madre y lloraré. No haré preguntas. Le contaré que mantuve nuestra habitación limpia. Que fui alto y guapo y educado. Exactamente como ella quería que fuera su hijo. Espero que me siga queriendo. Le diré que la quiero. Y la abrazaré, abrazaré a mi madre.

Pero no todavía.

Tengo treinta y nueve años.

Aquí nací yo.

Aquí murió ella.

Si cierro los ojos, lo sigo viendo todo.

Moriré.

Pero no moriré hoy.

No viajaré al final de la dulce noche.

No todavía.

Hasta aquí he llegado.

He vivido para contarlo.

Soy Lamar Joseph Odom.

Y estoy vivo.

AGRADECIMIENTOS

En primer lugar, me gustaría agradecer a Dios que me haya permitido contar la historia de mi vida. Ha sido un trayecto increíble lleno de gente alucinante, como bien demuestran estas páginas. Gracias a una de las más leales e íntegras mujeres que han formado parte de mi vida, la madre de mis hijos: Liza Morales. Gracias por tu paciencia, tu capacidad de perdonar y por tu manera de entender mi lado salvaje. No merecía tu amor, pero tú me lo diste igualmente. Gracias a mis hijos Destiny Odom y Lamar Jr., a quienes amo incondicionalmente. Me han querido a pesar de que me ausentara de sus vidas tantas veces, y no hay amor que pueda darles que sea comparable al amor que recibo de ellos.

Quiero darle las gracias también a mi madre, Cathy Mercer. No pasa un día sin que me acuerde de ti. Cada día me acuerdo de lo mucho que me diste en tan poquísimo tiempo. Ojalá pudieras ver al hombre que soy hoy. Tu nieta, Destiny, se parece cada día más a ti. Sé que estás en el cielo y que llevas a Jayden de la mano. Mi abuela, tu madre, Mildred Mercer, mantuvo mi espíritu intacto cuando te fuiste, y será para siempre una parte de mi alma.

Gracias, tía JaNean, el último vínculo de sangre que me queda con mi madre y mi abuela.

Ha habido un montón de gente que me ha ayudado a pulir mi experiencia como jugador de baloncesto en las tres últimas décadas, como Gary Charles, Jerry DeGregorio, Sonny Vaccaro, Jeff Schwartz, Rob Johnson, Tom Konchalski y Jim Harrick.

Y todo el amor para los cientos de compañeros a quienes puedo llamar hermanos a día de hoy. A Kobe Bryant, de quien lo aprendí todo en materia de competitividad y de entrega incondicional al juego. Siempre que pisé una cancha a tu lado lo di todo por mantener viva tu «Mamba Mentality». Serás mi hermano hasta el final.

A Pau Gasol, Dwyane Wade, Rasual Butler, Speedy Claxton, Ira Miller, Darius Miles, Quentin Richardson, Elton Brand, Ron Artest y Tavorris Bell, algunos de los mejores hermanos que haya tenido nunca.

Tuve también la suerte de contar con maestros increíbles como Phil Jackson, Pat Riley y Alvin Gentry. No solo me enseñaron lo que significa ser un jugador completo, sino también lo que significa ser un hombre. Y gracias a Jeanie Buss por su amabilidad y compasión.

Gracias a Khloé Kardashian, el amor de mi vida. Ojalá hubiese sido mejor persona. Gracias a toda la familia Kardashian por acogerme y ofrecerme su increíble y bondadoso amor. Siempre seré «Lammy».

No existe ningún hombre que viaje solo, y yo he contado con gente increíble a lo largo de mi periplo: James «Dollar» Gregory, Lara «Cake» Manoukian, Greg Nunn, Joseph Odom, Curt Smith, George «Boss» Revas, Ian Dominic, Alley Cat y Big John.

Gracias a todos por formar parte de mi camino.